TED
演讲的技巧
高效表达心理学

刘家辉◎编著

中国纺织出版社有限公司

内 容 提 要

在演讲界，TED演讲早已闻名遐迩。TED演讲为什么能如此受欢迎？TED演讲是如何引爆全场、抓住听众的心的呢？TED演讲中有哪些振奋人心的技巧？了解TED演讲的技巧，我们就能在演讲时抓住人心、提升演讲效果。

本书从心理学的角度，以分析TED演讲的技巧为主线，对演讲中的确定主题、结构规划、心理破冰、开场与结尾、语言修炼、表达禁忌等各方面进行划分和解读，并结合现实的演讲案例，深入浅出地阐述了如何通过语言心理策略的运用来获得听众的信任和支持，提升演讲的影响力，希望对广大读者有所帮助。

图书在版编目（CIP）数据

TED演讲的技巧：高效表达心理学 / 刘家辉编著. --北京：中国纺织出版社有限公司，2022.3
ISBN 978-7-5180-8815-7

Ⅰ. ①T… Ⅱ. ①刘… Ⅲ. ①演讲—语言艺术 Ⅳ. ①H019

中国版本图书馆CIP数据核字（2021）第168724号

责任编辑：赵晓红　　责任校对：高　涵　　责任印制：储志伟

中国纺织出版社有限公司出版发行
地址：北京市朝阳区百子湾东里A407号楼　邮政编码：100124
销售电话：010—67004422　传真：010—87155801
http://www.c-textilep.com
中国纺织出版社天猫旗舰店
官方微博 http://weibo.com/2119887771
三河市延风印装有限公司印刷　各地新华书店经销
2022年3月第1版第1次印刷
开本：880×1230　1/32　印张：7.75
字数：139千字　定价：49.80元

凡购本书，如有缺页、倒页、脱页，由本社图书营销中心调换

前言 preface

我们都知道，人都是生活在一定的集体之中，而人际沟通的主要方式就是语言。一个人说话水平的高低，自古就已成为其生活及事业取得成功的关键因素。现代社会，谁掌握了说话艺术，谁就拿到了通向成功的通行证。在说话的众多形式中，就有演讲，在我们现实的生活中，无论你是身居要职的国家干部，还是奋斗在市场一线的公司职员，你都离不开劝服和鼓舞他人，也就需要在公共场合说话，这就是演讲。

演说能力的训练在现代社会更是成为我们口才学习的重要部分。近代英国首相丘吉尔曾说："一个人可以面对多少人，就代表这个人的人生成就有多大！"我们每个人都向往言之有物、言之有理的演讲境界，这个境界是否有捷径可以达到呢？其实，一切都是有章可循的，演讲也一样。只要培养正确的心态，遵循一定的训练方法和规律，就一定能够取得你想要的演讲效果。

提到演讲，就要提到TED，在演讲界，对于TED这一名词，大概无人不晓。TED是美国的一家私有非营利机构，TED是technology，entertainment，design（科技、娱乐、设计）的缩写，这个会议的宗旨是"用思想的力量来改变世界"。

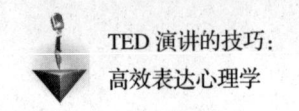

1984年,里查德·沃曼和哈里·马克思发起第一次TED国际会议,从1990年开始,美国加州的蒙特利每年都会举办一次,而如今,在其他城市,也会每年举办一次。主要是各界思想领袖、出色人才、精英人士们分享自己热衷从事的事业。

任何一名来到TED大会现场的人,都"大有来头",要么是某些行业内的领军人物,要么是新型领域的开创者,要么是首屈一指的富人,再或者是为社会进步做出了开创性贡献的人。他们的身份可能是企业CEO、科学家、创造者、慈善家等,比如苹果公司创始人乔布斯、美国时装模特卡梅伦·鲁塞尔、美国前国务卿鲍威尔等,事实上,这场盛会涉及的领域还在不断扩展,为我们分享了各个领域内的各种见解。参加者们称它为"超级大脑SPA"和"四日游未来"。

那么,TED演讲为什么这么受欢迎?为什么不超过18分钟的演讲,平均点击率却超过百万次,最高的甚至超过2500万次?

这不仅因为它给现场和视频观众带来了知识和头脑风暴,更因为它具备了很多演说者梦寐以求掌握的演说技巧,无论是表达方式,还是结构设计,都令全球的听众如痴如醉。那么,现在,你是否想了解TED演讲呢?是否也想学习其演说技巧呢?

生活中的你,也许正在致力于提升自己的演说能力,也许你对TED演讲并不熟悉,也许你认为自己天性木讷、不善言辞,但无关紧要,你都可以拿起这本书,仔细阅读它,你能从中找到演讲的核心要素——运用一些心理学表达技巧，往往就能让你说出打动听众的话，让听众心随你动。

而本书就是一本专门为大众量身定制的演讲实用指导用书，本书从心理学的角度出发，以"演讲"为主线，并将TED演讲技巧穿插其中，内容涉及演说中的确定主题、结构规划、心理破冰、开场与结尾、语言修炼、表达禁忌等各方面，并配以恰当、有趣生动的案例，简单易学，掌握了这些演说技巧，能为你的事业加砖添瓦，让你获得越来越丰富的成功资源。

编著者

2021年3月

目录

第01章
了解TED演讲，TED演讲为何如此激动人心 ‖001

TED演讲：致力于分享的思想交流大会 ‖002
TED演讲的精髓：用故事传达观点更能深入人心 ‖005
善于创新，让你的听众感到惊艳 ‖010
谈自己的亲身经历，能带动听众的热情 ‖015

第02章
向TED学习如何做成功的演讲，懂点心理学让演讲具有影响力 ‖019

打开心理闸门，突破说话的心理障碍 ‖020
学点心理表达技巧，向TED学习如何做成功的演讲 ‖024
细心观察，根据听众的反应调整话语动向 ‖028
不拘一格，高明的演讲应像与朋友交谈一样 ‖032
站在听众的立场说话更易获得认同 ‖036
在语言中倾注热情，才能感染听众 ‖040
掌握几点吸引听众注意力的技巧 ‖044

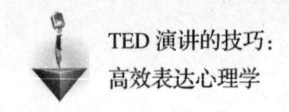

第03章
明确主题，像TED演讲那样先抛出一个吸引人的主题 ‖ 049

提炼出一个吸引人的演讲主题，是演讲成功的开始 ‖ 050

进行演讲的几个理由 ‖ 053

明确主题，根据主题定好演说风格和基调 ‖ 057

演讲材料的选择必须围绕主题 ‖ 062

认真构思，做好演讲的布局 ‖ 065

演说要自然，就要掌握练习的艺术 ‖ 069

第04章
打开心理闸门，如何一开口就抓住听众的注意力 ‖ 073

微笑是最纯真美好的名片 ‖ 074

开场就要达到"观众注意力的最高峰" ‖ 077

开门见山，快速阐明观点 ‖ 081

投其所好，依听众的兴趣开始你的演讲 ‖ 085

故事式开头法抓住听众的注意力 ‖ 089

演讲制造悬念，听者更为入迷 ‖ 093

第05章
巧设结构：在起承转合间让听众心随你动 ‖ 097

全局把握，高屋建瓴地制定打动听众的心理策略 ‖ 098

目录

  戏剧化地开展演说内容，更容易起到震慑人心的效果　‖101

  营造氛围，让听众产生继续听下去的欲望　‖105

  有始有终，演讲结尾更要给听众强烈的印象　‖110

第06章
学习TED演讲大师的几种心理技巧，提升你的演说效果　‖115

  语调抑扬顿挫，有张力的语言才能抓住听众耳朵　‖116

  适时沉默，让你的言辞变得更加金贵　‖120

  想要赢得听众，就不要表现得高高在上　‖123

  运用赞美，拉近与听众的心理距离　‖127

  谈谈自己的私事，拉近和听众的心理距离　‖131

第07章
修饰演讲语言，像TED演讲那样深入人心地表达　‖135

  借用比喻让演讲语言形象生动起来　‖136

  先设问再回答，卖卖关子抓住人心　‖140

  列出具体数据，提高演说语言的含金量　‖144

  用好夸张，能起到加强语气的效果　‖147

  展现现实例证，让你的话更有说服力　‖150

  巧用排比，让演讲更具语言气势　‖155

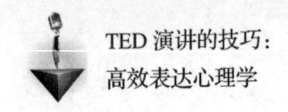

第08章
言语引导，让听众的心始终跟着你的思维走 ‖159

提一个开放性的问题，让听众参与进来 ‖160
提出思考的要求，进而给人方向和希望 ‖163
趣味式结尾，给双方都留下愉快美好的回忆 ‖167
视线变化是了解听众心理突破口之一 ‖171

第09章
敢于创新，和TED演讲一样创造性地改变演讲方式 ‖175

学点心理学，了解听众的需求是做好演讲的前提 ‖176
说个故事，带动听众的情绪 ‖179
使用演示，将演说主题绘声绘色地表演出来 ‖181
来一场脱稿演讲，让你与众不同 ‖184
即席发言，让听众耳目一新 ‖188

第10章
态势语言，无声胜有声的演讲更能让听众印象深刻 ‖195

得体穿着，彰显自信 ‖196
庄重场合演说，"卖弄你的笑脸"会缺乏气势 ‖200
善用肢体语言，拉近我们与听众的距离 ‖203
以手势配合，来强调你的观点 ‖207

站立着说话，营造心理优势 ‖211

第11章
避开表达禁忌，别给听众留下不好的印象 ‖217

演讲不是争论，不要总是试图赢了听众 ‖218

卸下恐惧的包袱，掌握自我放松技巧 ‖221

凝练语言，演讲切忌重复啰唆 ‖224

做足准备，演讲不能瞎编和乱说一气 ‖228

演讲要注重内容，切忌形式主义 ‖232

参考文献 ‖236

第 01 章

了解 TED 演讲，TED 演讲为何如此激动人心

提到演讲，就不得不提TED，如今TED演讲已在世界各国盛行，TED由"科技""娱乐"和"设计"三个英文单词首字母组成。TED是致力于分享知识和信息的思想交流大会，TED之所以如此受欢迎，不只是因为它给与会者带来新的知识、科技和信息，更因为演讲者自身带来的值得我们学习的演说技巧。接下来，在本章中，我们来走进TED演讲。

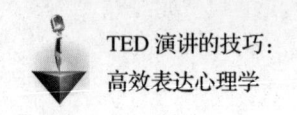

TED演讲：致力于分享的思想交流大会

提到演讲，相信不少人都有过在公共场合表达与发表演说的机会，大到国家总统，小到街道居委会主任，都离不开劝服和鼓舞他人，也就需要在公共场合说话，这就是演讲。演讲又叫讲演或演说，是指在公众场所，以有声语言为主要手段，以体态语言为辅助手段，针对某个具体问题，鲜明、完整地发表自己的见解和主张，阐明事理或抒发情感，进行宣传鼓动的一种语言交际活动。

不知你是否发现，那些在电视、公司例会和学会报告会上侃侃而谈、落落大方的人比那些一说话就畏畏缩缩、眉头紧锁、瞻前顾后的人更容易成功。实际上，那些财富板上的CEO和成功人士们无一不是优秀的演讲大师！

那么，如何提升演讲能力呢？这些演说大师们建议：学习TED演讲，能帮我们快速掌握演讲的要义与提高实际表达能力。

那么，什么是TED演讲呢？

TED演讲是创办于美国的一家私有非营利机构，该机构以它组织的TED大会著称，这个会议的宗旨是"值得传播的创意"。

1984年，理查德·温曼和哈里·马克思共同创办了TED，

第01章
了解TED演讲，TED演讲为何如此激动人心

从1990年开始，每年在美国加州的蒙特利举办一次，而如今，在世界的其他城市也会每半年举办一次。它邀请世界上的思想领袖与实干家来分享他们最热衷从事的事业以及最先进的思想和创意。

TED由"科技""娱乐"和"设计"三个英文单词首字母组成，这三个广泛的领域共同塑造着我们的未来。事实上，这场盛会涉及的领域还在不断扩展，展现着涉及几乎各个领域的各种见解。参加者们称它为"超级大脑SPA"和"四日游未来"。大会观众往往是企业的CEO、科学家、创造者、慈善家等，他们几乎和演讲嘉宾一样优秀。比尔·克林顿、比尔·盖茨、英国动物学家珍妮·古道尔、美国建筑大师弗兰克·盖里、歌手保罗·西蒙、维珍品牌创始人理查德·布兰森爵士、国际设计大师菲利普·斯达克以及U2乐队主唱Bono都曾经担任过演讲嘉宾。

TED的理念是分享，是一种思想交流大会，在分享思想的过程中，人们可以认识到优秀的思想能改变世界，也能改变人们对于这个世界的看法，使人们优化自己的行为。TED是一个社区，在这样的社区中，TED大会只是其中一部分。

任何人，只要你认同TED大会的思想，你就是社区中的一员，都可以称为某一项理想的合伙人。曾经有人说，最为重要的是你的知识，它比黄金还珍贵，这也是你唯一的价值。不过，现如今，全球形成了一个整体，规则改变了，每个人都互

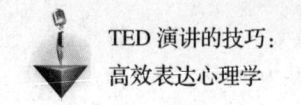

相关联，一切都会快速发展。知识传播更是如此，当知识传播出去后，会以最快速度到达全球各地，得到反馈，而它的潜在价值是无形的。

1984年的第一次TED大会令很多人终生难忘。在会上，人们第一次看到了后来风靡全球的CD光盘，第一台苹果电脑也被带到了讲台上。今天，新版的Macbook Air让全世界无数的粉丝为之疯狂。

在改变世界的同时，TED自身也在26年后（至2010）由与会成员不过千人的"晚宴"，成长为每天50万人观看其视频的社区。自1990年起，参会的精英们每年三月相聚于美国加州长滩，享受这一场"超级大脑SPA"。

但凡有机会来到TED大会现场演讲的人均有非同寻常的经历，他们要么是某一领域的佼佼者，要么是某一新兴领域的开创人，要么是做出了某些足以给社会带来改观的创举。比如人类基因组研究领域的领军人物克雷格·温特，"给每位孩子一百美元笔记本电脑"项目的创建人尼古拉·尼葛洛庞帝，只身滑到北极的第一人本·桑德斯，当代杰出的语言学家史蒂芬·平克……至于像艾伯特·戈尔那样的明星就更是TED大会的常客了。

每年，申请参加TED大会的人都有上千万，但是最终接受大会邀请的只有一千人，因为他们必须有与众不同的创造力、思维，有改造世界的热情，并且，还要付得起7500美元一张的门票。

第 01 章
了解 TED 演讲，TED 演讲为何如此激动人心

从2006年起，TED演讲的视频第一次被上传到网上。截至2010年6月，TED官方网站上收录的TED演讲视频总数已经超过700个，这些TED演讲的视频的阅览量已经超过了5000万。所有的TED演讲的视频都是以知识共享的方式予以授权的。TED演讲的主题并不仅局限于技术、娱乐和设计。事实上，科学、教育、发展、文化、商业、艺术等话题也经常出现。演讲中也会穿插一些艺术家的表演。

TED演讲的精髓：用故事传达观点更能深入人心

在前面的章节中，我们了解了什么是TED演讲，TED的宗旨是"用思想的力量来改变世界"。TED演讲与普通演讲的区别是：TED演讲一改以往繁杂冗长的陈词滥调，而是立足于知识分享，具备观点响亮、开门见山、种类繁多、看法新颖的特点。在TED演讲中，有个重要的特色是用故事带动演讲，这样避免了普通演讲的冗长且无趣，最重要的是，从心理学的角度来看，用故事传达观点更能深入人心。

生活中的人们，可能都有这样的经历：小时候，我们经常会听着故事才能入睡；学生时代，我们常会对书中的故事心向神往；看电影时，我们会为电影情节中的感人故事而潸然泪下……我们都爱听故事，其实不只我们，我们的大脑也很喜欢

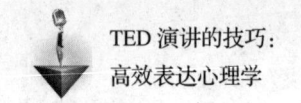

故事。当我们试着去理解一件事情时，大脑会开始自我挑战，不断寻找建立连接和刺激的方法。我们喜欢一切有情节的东西，当看到一出好戏，一篇好的新闻，我们会产生情绪上的反应，这是大脑接受资讯后开始产生的刺激，故事有时候对大脑的影响就好比"迷幻药"一般。

其实，讲故事是社会传递共有的价值观和理想的最古老的一种方式。好故事能够触动人的内心，并且吸引人们，教育人们。它激励人们向故事中描述的行为学习，指导行为之后的结果，其宣传、教育效果远高于长篇大论的说教和贴在墙上的标语口号。因此，会讲故事、讲好故事，已经成为公认的演讲技巧。

故事能帮人们想象并拥抱一个更光明的未来。美国前总统肯尼迪有一个传奇故事：

在美国进行首次登月任务期间，肯尼迪曾来到美国的航空航天局访问。期间，他需要去一次洗手间，在洗手间，他看到一位清洁工在打扫卫生，肯尼迪因为他将地面拖得很干净报以微笑，并表达了自己的感激，可是，让肯尼迪感到惊叹的是，这位清洁工说："不，先生，我不是在拖地板，而是在帮助我们登月。"深受感动的肯尼迪将这个故事分享给了其他人，这个故事迅速火了起来。

在这个故事中，NASA就是这样一个各个层级的人充分投身宏伟愿景的组织，不管他们每个人的日常工作是什么。

的确，我们不得不说，只要是在公共场合讲话，故事的作用就不可小觑,你要想让听众接纳你的观点,就不可长篇大论地叙述观点,一个故事完全就可以将你想要表达的观点鲜活地传达给受众,无论你是一个群体或团体活动的筹划者、指挥者和管理者,无论是下决策、安排工作、部署任务,还是教育下属、管理下属,都离不开口才,而任何一个善于演讲和口才好的人,都善于讲故事,尤其是说服他人的过程中,他们绝不会大放厥词,叙述空洞的大道理,而是善于将好的故事运用其中。因此,任何人在切实提升自己口才能力的同时,都要学会讲故事的本领。

那么,演讲者如何将故事运用到演说呢?以下是TED演讲大师们提出的几个步骤:

1.挖掘故事

这需要演讲者不但博闻广识,还需要具备透彻的洞察力,在生活中做个有心人,对于日常所见所闻要加以留意,作为自己演讲材料的内容,然后再根据不同的场合进行故事的整理和筛选。

2.研究故事

每个故事背后都有其深层次的含义,那么,我们该如何研究故事?

假如你的演讲主题是品牌调查,你收集到了故事细节,并非所得结论,那么,你就能从这些细节中挖掘出隐藏的主题,进而给出人们明确的期望、假设以及行为方向,这些元素在一

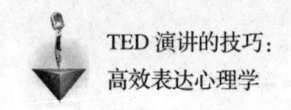

般的调查中不会自动出现，具体问题的答案中也很少有。不过也有一些例外，比如，这些暗含的假设可能存在于那些有关情景的故事（如那些让项目或公司的愿景更为充实的故事）和那些阐释意义的故事。

3.筛选故事

那么，演讲需要哪些故事呢，我们进行了总结：

所讲故事能支持我们的愿景、使命、战略和目标；

所讲故事能定义和展示我们的核心价值；

所讲故事能记录我们的成功与失败。

整体而言，这些演讲者所筛选出的故事是有利于烘托演说主题、达成演说目的的。

在筛选故事之前，你首先要记录故事，故事使用印刷或上网，录音或录影，CD或DVD都可以记录。

例如，City Year公司曾编撰了21个小故事，且将这些故事汇成一册，这些故事汇集了该公司在全球发展的过程。故事体现了公司的价值观和发展战略，同时也是公司未来工作的基础与重心。在公司成立15周年时，这本小册子出版，描述了其国际扩张计划。

另一个例子是美国环保署的"领导传统"项目。通过该项目，在与60位管理者的一对一录像采访中，记录了各个环保领域中经受的教训与学习到的经验，这些管理者有的即将退休，也有的亲历了环保署35年的历史变迁。

4.组织故事

故事有模式。开头陈述背景,挑起听众的兴趣;主体强调冲突;结尾解决问题,并且给出经验教训——寓意或主旨。

从沟通的角度来看,在组织故事的时候,有几点你要注意,不管故事是你的还是别人的。

第一,故事的意义要来自故事本身,而不是我们强加的。

第二,即使是统一的意义,听众也会得出各自的结论。为此,除了故事本身陈述的意义,还要注意预料之外的意义。

第三,你始终要客观地讲述真实故事,但也可以对某些细节进行渲染,让听众觉得更有意思,主旨更生动。当然,前提是真实故事的讲述原则要得到遵守。

面对不同的听众,具体把握同一故事的长度变化不无裨益。在说话的时候,用较长的版本,但在印刷材料中,精简版则是最佳之选。

5.具化故事

讲自己的故事是具化的一种方式。事实上,非语言沟通以及讲述者与听众之间互动的力量在影像、音响、纸媒中都很大,因此具化的做法很受青睐。但是这些也只是分享故事的一部分方式。

几年来,在美国全国讲演协会年会的主会会场的前排总是有一个空位。笔者第一次与会时,问身边的人们为什么台上的演讲者看向那个空位的时候,摄像师会对空位进行摇摄。答案

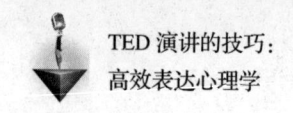

是那个空位是为了纪念已故的协会创始人罗伯茨。老会员们给笔者讲述了他的故事,笔者开始了解他的激情,以及他对协会的贡献。

总的来说,在演讲中,相对于冗长无趣的大道理和冰冷的数据,人们更喜欢有鲜活力的故事,我们在为员工、客户、股东等做演讲时,都可以通过讲故事来帮助你传达观点,并产生积极的演说效果。

善于创新,让你的听众感到惊艳

我们都知道,演讲是口才表达的一种形式,实际上,口才的表现形式并不仅体现在谈吐优雅、从容淡定上,还有着一个重要的特质,就是能够对众人比较熟悉的事情有着自己比较独特的认识和看法,言谈之中屡出新意。我们需要明白的是,一个与众不同观念的产生与提出,不仅是智慧火花刹那之间产生的灵感,而是视野广阔、充满激情、独立思考等品质的综合表现形式。

同样,在演说中,能否在语言上做到推陈出新,体现的就是我们的语言水平。相反,如果总是摆出一副"老面孔""老调子",即便是真理,也会让人厌烦,我们讲话必须把真理讲出新意,让人乐于接受,引起广大听众的共鸣。

第01章
了解TED演讲，TED演讲为何如此激动人心

事实上，世界著名的TED大会，就是以分享创意为主线，强调思维的先进性和独创性，它告诉我们所有人，任何人无论做什么，都要有灵光的头脑，善于运用创造性思维，不能钻牛角尖。这条路走不通，不妨另走一条，多一条路多一道风景。思维一变天地宽，勤思考，善于逆向、转向和多向思维的人，总能找出解决问题的方法，总能以最少的力气，做出最满意的效果。

对TED演说大师们而言，他们的演说之所以能起到鼓舞人心的效果，不仅是因为他们为听众带来了最前沿的知识和信息内容，很多时候也是因为他们对演讲自身做了一番准备工作，做到了结构新颖、观点突出、语言风趣幽默，进而吸引了听众的注意力。

我们羡慕乔布斯的成功，更惊叹于他的智慧，然而，乔布斯值得我们学习的不止如此，还有他的口才，他是沟通大师，也是擅长房获人心的演讲者。

乔布斯的演讲曾被收入TED最值得推荐的演讲之一，有人说，乔布斯是全世界企业家中最会讲故事的人。在过去的30年里，他已经把产品发布和展示发展成为一门艺术。在演讲中，一件事情经过他的描述往往变得清楚、明白，能唤起听众的热情和共鸣。他会用一种调侃的方式来吊听众的胃口。"乔布斯像驾驭一支交响乐队一样控制演讲的节奏，有起伏，有渐变，有高潮，最后为听众创造一个意料之外的结果。"

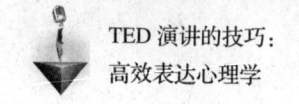

同样，生活中的演讲者，也要学习乔布斯的演说技巧，做到演讲创新，我们可以将演讲创新分两部分，第一部分是演讲稿的创新，第二部分是演讲主体即演讲人的创新。

第一部分：演讲稿的内容是否能更好、更快地被听者接受，很大程度上取决于你的演讲稿内容是否与时代主题息息相关，是否与时俱进，是否能将一个古老的演讲话题演变推理导入当今的社会当中，这样才能做到演讲创新，为听众接受。

第二部分：作为一名合格的演讲人，在舞台上，他的声音、语气、语调、动作，都要恰如其分、合情合理，既要充分表达激情，又要彰显品质内涵。为此，演讲人要在上述内容上进行创新。

俗话说，好的开始就是成功的一半。我们也可以这样来理解，在演讲中，屡出新意的好口才也是好的开始的重要步骤。充满新意的言谈，总会取得意想不到的惊喜。

有一次，王主任召集单位全体人员开会，由于参会人员众多，会场嘈杂，大家说说笑笑，始终安静不下来。王主任这样开头："有个笑话说，张飞和关羽参加一次刘备召开的军机会议，当时大家正交头接耳，刘备无法讲话。张飞说：'哥，看我的。'于是他用在长坂坡喝退曹军的大嗓门吆喝一声。结果大家并没有安静下来。关羽说：'小弟，你那手不行，还是看我的。'于是，他便坐在刘备的位子上，捋须凝目，似有所思。这下子大伙儿觉得奇怪，倒安静下来了。其实，这只是个笑话，刚才大家交头接耳，现在为什么静下来了？这个问题留给大家思考，我今天所要讲的主要内容是……"开口就是一个生动的故事，立即引起了听众的注意，整个会场很快就安静了下来。

还有一次，王主任在开始说话前，发现氛围太严肃，大家个个脸色凝重，为了把气氛搞得活跃些，王主任这样开口："有个善于演讲的人总结了一条经验，要调动会场情绪，只要注意看两个人：一个是看长得最漂亮的，看着这个人，可以使你讲话更有色彩；第二个是要注视会场上最不安定的那个听众，镇住他，使你讲得更有信心。我想学习这个方法，可咱们这儿长得漂亮的、英俊的有100个，可是没有发现不安定的听众，这可叫我难办了。"这段话讲完了，大家的情绪得到了缓解，全场的气氛不再紧张了。

在这里，王主任巧借环境，用风趣幽默的开口来缓解、调节了现场气氛，使大家的情绪得到缓解，较好地融入了讲话的氛围中。的确，讲话总是在一定的环境中进行的，讲话的顺利进行有赖于良好的气氛，而不俗的开口往往会使下属感到你所说的是与自己切身利益相关的问题或大家共同关心的问题，这样就能刺激听众的兴奋点和吸引其注意，调动各种积极因素，使整个讲话获得圆满成功。

的确，老话连篇、照本宣科，听众听起来只会毫无兴趣、昏昏欲睡。语言上的创新，是要从旧中挖掘出来的，既然听众

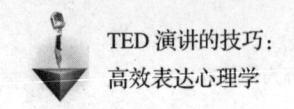

"喜新厌旧",我们就可以"以旧翻新"。翻新语言,对语言进行改装,就能赋予其新的内涵,这样,听众听起来既熟悉,又感到眼前一亮。

那么,在实际的讲话过程中,演讲者该如何做到创新且吸引听众呢?

1.新颖生动的语言

生动才能吸引人,我们开口需要使用新颖生动的语言,离人们的生活很近,这样才能使听众对你的讲话产生兴趣。反之,如果你总是老生常谈,就会让听众觉得索然无味,也不会对你的讲话有任何兴趣。

2.风趣幽默

风趣幽默是一种"快语艺术",它突破了惯性思维,遵循的是反常原则。我们在脱稿演讲中,必须要想得快,说得快,触景即发,涉事成趣,出人意料之外,又在情理之中,使听众易于在欢笑中接受。

总之,新意迭出的演讲是智慧的体现。一个真正会演讲的人会根据倾听对象的不同而做出新奇又合理的解释,既不违背事实,又不会伤害到别人的感情,进而给听众带来乐趣,制造出良好的演讲氛围。

第01章
了解 TED 演讲，TED 演讲为何如此激动人心

谈自己的亲身经历，能带动听众的热情

作为演讲者，我们都知道，我们在公共场合说话就是为了传达自己的观点，就是要让听者接受自己的想法和意见，而为了增加话语的可信度，可以适当地分享一些自己的经历，自己的经历就是最好的故事，可信度也更强。为此，我们建议，那些希望提高自己说服能力的演讲者，在说话时可以适度提及自己的亲身经历。

在举世闻名的TED演讲中，演讲人都善于讲故事，且善于讲自己的故事，因为这样的素材能带动听众的热情，掌控听众的情绪，将听众的注意力带入演讲中。比如，作家苏珊·凯恩在2012年作的演讲——内向性格的力量中，她在开头就阐述了自己的故事：

"在我9岁那年，我参加了人生的第一次夏令营，妈妈帮我整理了行李箱，里面全是书，这再正常不过了，因为在我们家，读书就是最主要的家庭活动。可能你们会觉得我不爱交际，但是对于我的家庭来说，这真的是接触社会的另一种方法，你们有想过那种家人都坐在身边的温暖氛围吗？当时，我想象着夏令营也是这样的，很多小女孩围坐在小木屋里，穿着合身的睡衣，惬意地看书……"

很明显，谈自己的经历能快速将听众的注意力拉到演讲中来，这比冗长的理论知识有趣多了。

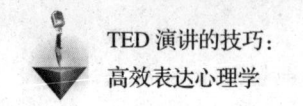

我们进行演讲,其目的本身就是为了将所陈述的观点深入人心,引发共鸣,以达到震慑人心的作用。开场白中任何技巧的运用,都不如谈自身经历更能获得听者的信任与认同。

作为演讲者,可能你在生活中也会看一些电视节目,一些节目之所以生动有趣,就是因为他们谈的是自己的亲身经历和自己了解的事。

卡耐基一生致力于帮助他人提升自己的口才,在他的训练班中,有不少教师,一次,这些教师在芝加哥的康拉德希尔顿饭店开会。

会议开始,一位学员这样开头:"自由、平等、博爱,这些是人类字典中最伟大的思想。自由是第一,没有自由,生命就再也无存活的价值了,我们可以设想一下,如果我们的行动处处受到限制,会是怎样的一种生存状况?"

当他讲到这里的时候,他的训练老师突然站起来打断了他,然后问他有什么依据能证明自己的观点,于是,他讲了一个真实的故事。

他说,他曾经是法国的一名地下斗士,当时法国被纳粹党荼毒,他和他的家人饱受折磨和屈辱。演说中,他以贴切、形象的语言描述了自己在那样一段艰难的日子是怎么熬过来的,是怎样逃过秘密警察的追捕来到美国的。在最后,他说了这样一段总结的话:"今天,我从密歇根街来到这家饭店,我能随意走动,当我从警察身边经过时,也不用回避他们的目光,我来到饭店,更

第 01 章
了解 TED 演讲，TED 演讲为何如此激动人心

不用出示证件，等到会议结束了，我可以想去哪里就去哪里。因此，我们每个人都要相信，为了自由，任何的奋斗和努力都是值得的。"他获得了全场的起立致敬和热烈的掌声。

这位学员的演说能打动听众、博得热烈的掌声，就是因为他从自身的切实经历讲起，句句贴切。

演讲者讲述自己的亲身经历，更容易引起共鸣，但事实上，一些演讲者不愿意讲自己的个人经历，他们认为那些事实太琐碎和局限，他们更愿意讲一些空洞的概念和哲学理论。但这些人忽略的是，听众也是平凡的人，那些平凡人的平凡事更能打动他们，他们想要听的是一些新闻，但这些人总是说各种各样的社论，说社论并没有错，但是最好还是由那些更有发言权的人来说，如那些报纸的发行者或编辑。因此，对于你来说，还是诉说那些生命对你自身的启示吧，你自然会有听众。

卡耐基是一个乐于倾听他人说话的人，他也曾称，只要是演讲者讲述生命对自身的启示，无论细节多么琐碎，多么得不值一提，他都不觉得枯燥。

从这个案例中，我们也可以建议那些致力于培养自己表达能力的演讲者，你可以从以下两个方面谈及自己的经历：

1. 成长的历程

只要是与你的家庭、童年回忆、学校生活有关的题目，一定会吸引听众注意，因为你曾经是如何解决困难、如何挑战自我的，最能引起共鸣。

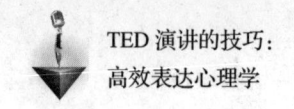

2.为了出人头地所做的努力

这样的题目富有人情味，也是吸引听众注意力的最保险的题材。比如，你可以讲述自己在早期是如何为幸福生活努力的，是如何创业的，是如何从事某种很有难度的工作的，你的事迹能给听众鼓舞，让听众燃起克服任何困难的决心，是富有正能量的。

3.嗜好及娱乐

这方面的题目得依据个人喜好，如果你确实对某件事十分热爱，并且有着自己独到的见解，那么，通常来说，你不会出现什么失误，也是能把这一问题讲得十分有趣的。

4.特殊的知识领域

如果你从事某一领域的工作多年，那么，你可以说是此方面的专家，如果你用自己的工作经验来讲述某一问题，也是能获得听众信任的。

5.与众不同的经历

你有没有遇到过名人？有没有去过战场？有没有做过别人望而生畏的事？这些经验都可以成为最佳的讲话材料。

因此，每一个正在致力于提升自己表达能力的演讲者，在为讲话准备前，你不必要把自己要说的内容都写在纸上，然后背下来，也不是临时抱佛脚看看杂志就可以，而应该在自己的脑海里挖掘一些关于你自己的故事，你完全不必怀疑你说的话太个人化，因为这样的讲话才是让人快乐的、动人的。

第02章

向TED学习如何做成功的演讲，懂点心理学让演讲具有影响力

我们都知道，TED演讲的关键在分享和创造，倡导科技改变世界，比如，计算机的应用、人工智能时代的来临，而从语言表达的角度看，TED之所以如此受欢迎，还因为它有值得我们学习和推敲的演说技巧。任何一个TED演讲大师都认为，要想让自己的演说深入人心，首先要懂点心理学。那么，具体来说有哪些心理表达技巧是我们需要掌握的呢？接下来，我们在本章中一一进行分析。

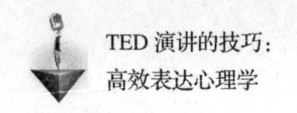

打开心理闸门，突破说话的心理障碍

在现实生活中，有不少人因为工作和学习的原因，需要在公共场合讲话，也就是演讲，比如求职面试、竞聘职位、工作述职、汇报说明、总结报告、发表意见、主持活动、商务谈判、宣传产品、激励员工、接受采访、会议发言等。当众讲话是一个人必备的基本技能。

对于任何一个人来说，在公共场合演讲都要自信满满，而恐惧是良好表达的天敌，一个人在"不敢说"的前提下是"说不好"的，唯有卸下恐惧的包袱，在语言中注入自信的力量，你才能成为一个敢于表达的人。

然而，令不少人苦恼的是，人们对于当众讲话都会有不同程度的紧张感，对于那些初学演讲的人来说，恐惧心理尤为明显。

美国成人教育家戴尔·卡耐基先生毕生都在训练成人有效地说话。他认为，成人学习当众讲话，最大的障碍便是紧张。他说："我一生几乎都在致力于帮助人们克服登台的恐惧，增强勇气和自信。"

事实上，在公众面前紧张是再正常不过的心理，即便是那些TED演讲大师也都经历过，只不过他们更善于调整自己的情绪。紧张能使人大脑皮层兴奋、开发潜能，许多专家认为紧张、压力是激发潜能的有利因素，紧张不见得是件坏事，适度的紧张不但无害，还会起到积极的作用。适度紧张会让我们重视听众，重视我们的表达方式，不会懈怠。只要你在乎听众，想给听众留下好印象，自然就会重视你的讲话，不会完全放松。我们前面提到的很多演讲家终身没有消除演讲的紧张也是这个道理，这样反而会增强表达的效果。

TED演讲大师给出建议：对于那些初次登台的演讲者或内心紧张的演讲者，要想放松自己，在开始演讲前，最重要的就是要把注意力从自己身上移开，为此，你可以在演讲前做一些放松身心的活动。

然而，如果紧张变成过度紧张，就需要我们进行调整了，因为它会造成思维停滞、言辞不畅的后果，为此，我们需要把它降低到一定程度，让它成为一种助力而不是阻力。

那么，这一点该怎么克服呢？对此，你可以做到以下几点：

1.坦然面对和接受自己的紧张

你应该想到自己的紧张是正常的，很多人在某种情境下可能比你更紧张。不要与这种不安的情绪对抗，而是体验它、接受它。要训练自己像局外人一样观察你害怕的心理，注意不要陷入到里边去，不要让这种情绪完全控制住你："如果我感到紧张，那我确实就是紧张，但是我不能因为紧张而无所作为。"此刻你甚至可以选择和你的紧张心理对话，问自己为什么这样紧张，自己所担心的最坏的结果可能是怎样的，这样你

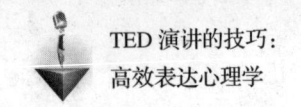

就做到了正视并接受这种紧张的情绪,坦然从容地应对,有条不紊地做自己该做的事情。

2.积极暗示,进而淡化心理压力

你不妨以林肯、丘吉尔这些成功的演讲者为榜样,他们的第一次当众演讲都是因紧张而以失败告终的,并在心里自我暗示:紧张心理的产生是必然的,也是不能避免的,我不该害怕,我只要做到认真说话,就一定能说好。抱着这样的心理,你的紧张心理会慢慢缓解下来。

3.事先应做好充分准备

准备充分,自然能自信上场。也就是说,在开口前,你要想好自己到底想要表达什么,怎样才能表达好,做好这几方面的准备,就没什么可担心的了。

可能有些人会说,事先练习是不可取的,因为在演讲时会显得不自然,只有第一次从口中流出的思想才有新鲜感。其实,这是肤浅的说法,要想真正使话说得自然,就要练习,而且要不止一次的练习。不得不说,一些人只是在去演讲的路上才草草地将稿子看一遍,他们不会显得自然,只会显得毫无准备。

2013年参与TED演讲的表演艺术家和音乐家帕尔默曾说过:"试着重复做一件事,不是为了有朝一日能驾轻就熟,而是要让它融入你的灵魂。"帕尔默2013年的TED演讲"请求的艺术"十分成功,该演讲视频在TED网站上发布后,在几天的时间内就获得了一百多万的点击量,一周后,她在博客中发表了一篇长文，她感谢帮助她获得演讲成功的幕后人员。的确，一场成功的演讲离不开团队的共同努力，尤其是用心的准备，才能真正打动听众。

4."漠视"听众，不必患得患失

法拉第不仅是英国著名的物理学家和化学家，也是著名的演说家。他在演讲方面取得的成功，曾使无数青年演讲者钦佩不已。当人们问及法拉第演讲成功的秘诀时，法拉第说："他们（指听众）一无所知。"

当然，这里，法拉第并没有贬低和愚弄听众的意思。他说的这句话是要告诉我们，建立信心，才能成功表达。

事实上，可能很多人在当众演讲的时候，过多地考虑了听者的感受，害怕听者能听出自己的小失误，其实，你大可不必有这样的想法。因为在说话时，谁都可能犯点小错误，没有谁会放在心上。再者，即使讲错了，只要你能随机应变，不动声色地及时调整，听者是听不出来的，何况，即使有人听了出来，也只会暗暗钦佩你的灵活机智，对你会有更高的评价。

任何人在演讲前，都要克服自己的恐惧，并学会一些消除恐惧的方法。只有这样，你才能不断消除表达时的恐惧，成为一个会说话、会表达的人。

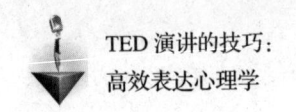

学点心理表达技巧，向TED学习如何做成功的演讲

提到TED演讲，我们都知道，它早已风靡全球，也是很多致力于提升表达能力的人学习的素材。要知道，公开演讲最大的挑战就是如何运用有感染力的语言，将自己的思想和观点传达给受众，进而对听众产生号召力。然而，生活中的很多演讲者，原本希望自己能侃侃而谈，却因为缺乏演讲的能力以及自信而使演讲效果大打折扣。所以，很多人都想知道如何提高自己演讲的能力，才能在众人面前口齿伶俐地讲话。正因为如此，很多人都在学习TED演讲中的技巧。

诚然，TED演讲中有很多值得我们学习的部分，但TED演讲大师们早已总结出最为关键的一点：运用心理表达技巧。我们不得不承认，在过去，一场演说要成功，必须要使用谨慎的修辞技巧和优雅的演说技巧，所以，要想成功演讲也就十分困难。而现在，TED演讲倡议，我们不妨把演讲看成一场扩大了的交谈，要用率真的心态与听众讨论问题，而绝不能对听众大放厥词。

印度前总理英迪拉·甘地夫人本是个不善言谈的人，但她早年曾应邀做过一次演说。

在那次会上，会议主持人梅农突然宣布甘地夫人要讲话，这让她很惊讶，因为她完全没有为这次讲话做过准备，在这之前，她只是在儿童时代的集会上讲过话，但她的听众只是一些

第02章
向TED学习如何做成功的演讲，懂点心理学让演讲具有影响力

儿童，这次面对这么多成人，她确实有点手足无措甚至是感到害怕，尤其是会场又这么大，可能是卡克斯顿大厅吧，她当时简直连一点声音也发不出来！最后，她还是讲了几句，听众中有一个醉汉说："她不是在讲话，她是在尖叫。"说完，在座的听众哄堂大笑，甘地夫人尴尬极了，后来，在回忆这件事时她说："那次演讲后，我发誓以后再也不在公众面前讲话了。"

不过，可能她自己也没想到，不久之后她竟然又进行了一次演说，而且表现得极为出色。那是在非洲，她被邀请在大会堂上进行一次讲话。

甘地夫人说："噢，不行，我一句话也不准备讲，只有依了我这个条件，我才赴会。"

他们很吃惊，因为他们已经租下了会堂，而且一切都已安排就绪。最后，他们对甘地夫人说："不管怎么样，你总得坐在讲台上。"还说，他们会设法为甘地夫人的保持沉默做些解释。

据甘地夫人自己回忆说："那天的招待会在下午4点举行，整个上午我都在访问非洲铁路工人的生活区，那里的条件真是糟糕透顶，使我非常生气。招待会上，当宣布尼赫鲁小姐不讲话了的时候，我拍了一下桌子说：'我倒要讲讲。'"

甘地夫人这番话，让会议主席大吃一惊，怔住了，没等他开口说话，甘地夫人已走到话筒前，她慷慨激昂，讲了班图人

025

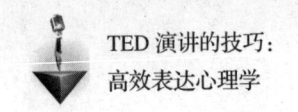

和其他人的生活条件。"我的讲话在非洲报纸上刊登了出来。第二天，无论我走到哪里，都受到人群的欢呼。女的过来吻我，男的同我握手……"

甘地夫人的这次演讲是很成功的，她成功演说的诀窍不在于她的口才，甚至可以说，她是个不善言辞的人，是她的感情为她迎来了掌声。正义的甘地夫人在访问了铁路工人的生活区后，情绪上产生了很大的变化，正是因为如此，她在发表演说的时候，言语间代表的便是铁路工人的利益，是为他们说话的，本来没有很好的说话能力的她，这回却得到了人民群众的拥护。

的确，演讲者发表演讲的目的就是吸引、说服、鼓动、感召听众，也只有能引起听众共鸣的演讲，才是成功的演讲。这也是演讲者最关注的问题。而如何引起听众的共鸣呢？TED演说大师大多是富有活力和精神抖擞的人，他们更善于从听众的角度说话，把听众内心的情绪迸发出来。因为人们都有这样的心理，在与人交谈的过程中，如果对方能感同身受，人们是愿意接纳对方的。因此，作为演讲者，如果你想你的话能发生效力，且非要将你的话一吐为快时，你在演讲的时候就不应该单是报告一些事实，还该把自己的情感注入到你的演讲中，并站在听众的角度说话，只有真情实感才能打动听众。

演讲中，如果一个人丝毫不顾及听众的感受，只是对自己关心的问题侃侃而谈,那么,自然很难流露出自己的热情和激情,也就无法打动听众。反之,如果他能切身考虑到听众的利益,说听众想听的话,那么此时登台,必会取得意想不到的结果。

那么,怎样才能做到这一点呢?

1.所讲问题应引起大家关注

在演讲时,不同的听众感兴趣的话题是不同的,但也有一些话题是大家共同关心的,如新闻、体育、天气等。

2.所讲问题难度不可太大

一个善于演讲的人,不会一味地卖弄自己的专业水准,也不会故意设难刁难听众,而是想方设法地让听众与自己一起思考,一起讨论,持久关注。而要做到这一点,在向听众提问时,就要注意问题的难度,听众乐于回答,你的互动才是有效的。

3.所讲问题应让听众得到满足

很多时候,如果你的演讲内容是就一些工作做总结或者部署,那么,内容便是无聊的,此时,如果你依然不顾听众感受,而只顾演讲的话,那么,是很难让听众接受的。为此,你就必须拿出一定的措施。让听众得到心理满足就是一个好方法。谁都不愿意听不好的话,谁都不愿意为自己不感兴趣的话题浪费太多时间。可是,如果你进一步研究听众心理,讲那些听众非常关注的关键环节,而少讲一些大而空的东西,并且注意引导听众积极思考,结果肯定会不同。

除了学习心理表达技巧,我们还应注意多加练习,任何

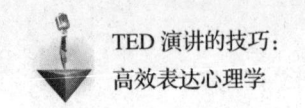

一个希望获得演讲能力的人，都必须要把握每次当众说话的机会。那些能在TED大会上侃侃而谈的著名人士也并非天生的演说家，他们也是在经历了很多次的练习后才能侃侃而谈的。

如果不练习当众说话，那么，谁也不可能真地在众人面前演讲，就好比一个人一直不愿意下水是不可能学会游泳的。

其实，生活中说话的机会很多，如果你也是个不善言辞、羞涩的人，你不妨去参加一些组织，从事一些需要讲话的职务。在聚会里站起身来，说上两句，即便只是附和别人也好。要知道，现代社会，再也没有一份工作是完全不需要开口说话的。如果你总是不愿意或者不敢去说，那么，你就永远也不知道自己会有怎样的进步。

细心观察，根据听众的反应调整话语动向

西方有位哲人说过："世间有一种成就可以使人很快完成伟业，并获得世人的认识，那就是讲话令人喜悦的能力。"我国也有"一人之辩重于九鼎之宝，三寸之舌强于百万雄兵""片语可以兴邦，一言可以辱国"的说法。现代社会的任何人，具备较高的讲话水平，更是如鱼得水，如虎添翼。甚至有人说，谁掌握了讲话艺术谁就拿到了走向成功的护照。某种程度上，"讲"得如何，直接影响到我们的前途。

第02章
向TED学习如何做成功的演讲，懂点心理学让演讲具有影响力

一个优秀的演讲者在发表讲话的时候，并不是只顾自己滔滔不绝地讲述观点，还很重视观察听者的反应，分析听者的心理，当他们发现自己的讲话并不对听者的味时，他们就会立即调整话语动向，使自己始终掌握全场气氛。

对于这一点，TED演讲大师们称，演说中，作为演说者，如果发现出现演说冷场、听众情绪游离等情况，可以用笑话和故事来暖场，调节气氛，同时压缩听众不感兴趣的内容，也可以赞美听众，博取好感。也可以提出设问，与听者共同思考，以调动听众的参与性和热情。还可以制造一定的悬念，让听众带着悬念继续听下去，激发他们的兴趣。

有一位领导在为群众进行一次有意义的演讲，但因为话题专业性很强，听众并不感兴趣，不到一会儿，听众就开始交头接耳，不愿意再听了。此时，这位领导说："请开小差的同志们想想，如果我们自己的权益受到了侵害，我们又将怎样来寻求法律的帮助呢？"这样一来，交头接耳的听众也就能重新将注意力转移过来。

造成演讲冷场的原因之一，就是我们单向地陈述问题，而听众被动地接受信息。也就是说，如果我们在以自己的演讲词和形象的语言来感染听众的同时，听众的积极回应也有利于推动演讲的顺利进行。

事实上，在很多时候，我们演讲就是为了向听众传达某种观点或思想，使听者接受。在接到听者的信息反馈之后，我们

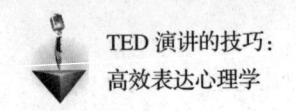

就需要对自己讲话的内容进行修正,使之更容易被听者理解和接受,更符合听者的胃口。

同时,我们不得不承认,任何讲话,即使准备得再充分,都不可能预测到演讲过程中出现的"意外情况"与"偏差"。对话过程中,在不断地接受听者的表情动作和话语中传达的反馈信息后,在此基础上修正讲话的内容与方式,可以使双方的立场更接近,使沟通更顺畅。具体说来,我们需要做到:

1.随时观察听众的信息反馈

任何人在倾听他人讲话的时候,都会产生某些不同的倾听效果,而这些效果,通常都是通过表情与动作来体现的。一般来说,分为以下几种情况:

如果听众眼神中充满了迷惑,对讲话的节奏适应不过来而显得慌张,那么他可能对讲话内容关注,但却不能完全理解;

如果听众在听您的谈话时,目光注视着您,随着讲话的节奏思考,那不仅表示他喜欢您讲话的内容,而且有比较深刻的理解;

如果听众经常做些别的事情,不时打断讲话,则很可能是他对这次谈话不感兴趣。

眼神、面部表情、肢体动作等,都可能蕴含着这方面的信息,讲话者如果不注意观察,只是一味讲自己的话,则很可能造成讲话者与听话者各取所需、互不相干的尴尬境遇,使沟通成了个人的自我表现。

2.聆听听众的回答

任何沟通都是双向的，演讲也是。我们在演讲时，不能只顾自己表达而忽视听众是否接受，只讲不听。

因此，一个高明的演讲者在讲话的时候，往往很注重和听众的沟通，他在讲完自己的话之后，或者在完成要表达的内容后，会主动提出来让听众发言，表达自己的意见。这样做，一方面有利于他们了解听众对于自己演讲的理解程度，有利于信息的反馈；另一方面，聆听是一种对他人的尊重，聆听更是一种人际交往的艺术。一个优秀的演讲者，必须是一个虚心的聆听者。只有在聆听了对方的讲话之后，才能更好地了解对方的性格、素养和态度，才能更好地把握对方的心理，对下一步要说什么有更好的判断，从而能在讲话时更有针对性，使对方也愿意聆听自己的讲话。

3.不断地修正自己讲话的内容与方式

这需要我们迅速地对自己的讲话内容做出调整，还要保持讲话内容的前后连贯一致。在这个过程中既要能投对方所好，说出对方想听的话，又要能把自己的意图表达完整，掌握谈话的主动权。

演讲者说话，听众会对其讲话内容产生不同的反应，并通过声音、动作以及面部表情反映出来。有经验的演讲者会把握听众的这些情绪，就是要"看着人说话"。一旦看到听众情绪异常，或喜或悲，或笑或气，都应尽在把握之中，从而及时对

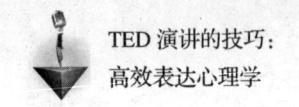

讲话内容进行调整，直到听众情绪符合讲话者的需要为止。这就要求学会讲话中的"变"术，在讲话过程中随时捕捉听众心理的变化，把听众的情绪逐步推向高潮，达到台上台下共鸣的效果。

总之，讲话是沟通的桥梁，这个桥梁的稳固需要的就是这四个"墩"：准确的表达、细心的观察、及时的修正和丰富的感情。我们在演讲中若能时刻牢记这些技巧与方法，将使您在讲话中跨越重重障碍，顺利实现自己的目的！

不拘一格，高明的演讲应像与朋友交谈一样

我们都知道，我们发表演说，就是为了让听众接纳我们的意见并采取行动，然而，只有能打动听众共鸣的演讲，才是成功的演讲，这一点，也是演讲者最关注的问题。而我们又该如何打动听众呢？

关于这一点，TED演说者们深有感触，他们给出一条建议：高明的演讲绝不是滔滔不绝地说，也不是演独角戏，实际上，只有听众参与的演讲才是成功的。因此，我们要像与朋友交谈一样演讲。在TED演讲者看来，演说应该是分享和交流会，而不必非要遵循严格的演讲过程，在演讲过程中，如果你过于严谨和局促，如果你的声音、手势和肢体语言与你的话语

第02章
向TED学习如何做成功的演讲，懂点心理学让演讲具有影响力

不协调，观众就会怀疑你传递的信息的可靠性。正如你有一辆法拉利跑车(一个美妙的故事)，却不知道怎么开(表达)一样。

更善于从听众的角度说话，把听众内心的情绪迸发出来。因为人们都有这样的心理，在与人交谈的过程中，如果对方能感同身受，人们是愿意接纳对方的。因此，作为演讲者，如果你想你的话能发生效力，且非要将你的话一吐为快时，你在演讲的时候就不应该单是报告一些事实，还该把你的听众当成你的朋友，并亲切地与他们交谈，只有真情实感才能打动听众。

罗斯福是美国第26任总统，他是一位口才出色且善于以情动人的人。

有一次，他仆人的太太问他："鹌鹑长什么样子？"仆人太太之所以这样问，是因为她从没有见过鹌鹑，于是，罗斯福总统详细地描述了一番。

过了很长一段时间，罗斯福突然亲自打电话回家，然后告诉仆人太太说："在你窗口外面恰巧有一只鹌鹑，你现在顺着窗户看出去，它应该就在那。"

实际上，罗斯福总统之所以能成为美国伟大的领导人之一，就在于他在运用语言时善于以情动人，而不是以权压人。他在作报告或者讲话的时候，运用朴实无华的语言，亲切入耳，具有较强的感染力，能赢得人们的喜爱。

的确，演讲其实就是与听众的一次沟通，期间，如果一个人丝毫不顾及听众的感受，只是对自己关心的问题侃侃而言，

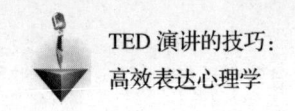

那么,自然很难流露出自己的热情和激情,也就无法打动对方。反之,如果他能把听众当朋友一样亲切又自然地沟通,那么此时开口,必会取得意想不到的结果。

那么,具体来说,我们该怎样说才能打动听众呢?

1.全身心投入演讲中

演讲需要你投入高度的热忱,当一个人只被自己的感觉影响时,他的热情就会被点燃,他的行为、语言都会出于自然,一切也就都顺其自然了。

事实上,任何表达技巧的学习都是建立在全身心投入演讲之中的前提之上的。

2.多说亲切的话

如果你说的话净是一些枯燥无味的大道理,或者满脑子"阳春白雪"的思想在作怪,经常说一些文绉绉的话,就会让听众觉得你过于喜欢伪装,从而在内心里就疏远了你。

比如,在和听众寒暄的时候,说一些"路上没有堵车吧""最近还好吧"之类的话,就会让对方觉得你把他当成了朋友,对你产生亲近感。

3.多提及听众的名字

卡耐基曾参加一次演讲,那次他坐在主讲人的旁边,在开始演说前,他发现一点,他看到主讲人四处走动去打听那些陌生的人,卡耐基感到很奇怪。在后来的演说中,卡耐基才明白——主讲人是为了把刚才打听到的名字运用到演讲中,卡耐基更注意了一下台下听众的表情，那些被提及名字的人脸上洋溢着幸福的快乐。当然，这个简单的技巧也为他赢得了听众温暖的友情了。

4.让你的声音展现生命力

不得不说，随着年龄的增长，不少人都失去了年幼时的纯真和自然，与人说话、沟通也都陷入模式化之中，变得没有生气，但如果你希望成为一名好的演说者，你就不能拒绝吸收新的词汇，或者吸收新的表达形式。

5.以"情"动人

（1）坦露心声，真情动人

俗话说：言为心声。在演讲中，如果演讲者的话是出自内心，发自肺腑，有自己的真情实感，那么，听众的情感之弦就更加容易被拨动，演讲者和听众的共鸣就会更强烈，听众也就更加容易接受演讲者所表达的观点。

（2）适时评述，激情动人

激情，是情感的瞬时爆发，是最能够打动听众、征服听众的。适时地对演讲材料进行充满激情的评述，表达自己的意见，抒发自己的感情，是让观点深入人心，引起共鸣的又一妙招。

（3）铺陈渲染，豪情动人

在演讲中，利用铺陈渲染方法为演讲的主题"蓄势"，可以激起听众强烈的共鸣，把演讲推向高潮。尤其在表达理

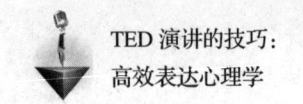

想、志向和成长感悟时，运用铺陈渲染更能收到节奏和谐、情绪激昂、语气磅礴的表达效果，给人一种积极向上、气势恢弘、壮志豪情的美感和震撼，更容易以豪迈的情感和气势征服听众。

的确，"感人心者，莫先乎情"。成功的演讲离不开"情"，情感在演讲中就像桥梁一样，连接着演讲者和听众的心。以"情"动人心，就必须要求演说者能做到亲切自然地演讲，这样的演讲才更耐听！

站在听众的立场说话更易获得认同

可能所有演讲者都希望自己在说话时候获得听众的认可和参与，但任何人都不会支持那些与自己站在对立立场上的人，因此，在TED演讲技巧中，就有重要的一点：光有热情还不够，一定要站在听众的立场说话。

关于这一点，我们发现很多成功的演说家，也包括TED大会上参与演说的人，他们大都是富有活力和精神抖擞的人，他们更善于从听众的角度说话，让听众内心的情绪迸发出来。因为人们都有这样的心理：在与人交谈的过程中，如果对方能感同身受，人们是愿意接纳对方的。

赛珍珠是美国著名的女作家，"二战"期间，她发表过一

第02章
向TED学习如何做成功的演讲，懂点心理学让演讲具有影响力

个对中国人民的广播演讲，这篇演讲深深地打动了每一个中国人的心。

她在演讲中这样说道："我今天说话不完全站在一个美国人的立场，因为我也是一个中国人。我一生的大半时间都是在中国度过的，我3个月大时就被父母带到中国去了，我开口说话的时候，又是先说的中国话。我小时跟着父母，并没有住过什么通商大埠。数十年间，我们到的地方是浙江、江苏、江西、湖南、安徽、山东各省的小城市、小村庄，清浦、镇江、丹阳、岳州、蚌埠、徐州、南州……这些地方，是我最熟识的。可是我最爱的，是中国的农田乡村。我长大了，又在南京住了17年。我曾亲眼看见南京在几年之内，由一个古旧的城市变成一个新式的都市。但是无论我住在什么地方，我与中国人相处，都亲如同胞。因为小的时候，我的游伴是中国孩子；成人以后，来往的又是中国的朋友们。现在我人虽已归故国，心中却没有忘掉旧日的朋友。所以今天我要从这两种身份说话。我既在中国长大成人，又在美国住了多年，受了双方的教育，有了双方的经验，我觉得我是属于两个国家的。"

在这篇演讲中，假如赛珍珠站在一个美国公民的立场上，哪怕所讲内容再精彩，恐怕也不会打动中国人的心。毕竟，人们对于大洋彼岸的美国是十分陌生的。按照惯例来说，赛珍珠应该在演讲之中讲些"亲爱的中国朋友们"之类的话，不过那样只会让人觉得那只是一种虚伪的客套，根本不可能激起中国

人民对她的认同。但是，赛珍珠却在演讲之中一再提起中国人所熟悉的城市名字，多次强调对中国的特殊感情，强调和中国人的亲密关系，这样在中国人的眼中，赛珍珠就不再是一个所谓的外国友人，而变成了一个和自己一起经历风雨的同路人，亲切感也就油然而生了。

可以说，在演讲场合，一个人最致命的弱点就是信口开河。然而，演讲中，这样的人大有人在，他们往往只顾表达自己的想法，寻找话语倾泻之后的快感，追求"一吐为快"，却不考虑听众的立场、观念、和性格感受，从而引起听众的逆反情绪。

可见，无论你的演讲目的是什么，无论这个人讲话的目的是什么，但是不经过大脑脱口而出的话，往往会让听众难以接受。站在听众的立场上说话，就需要我们做到换位思考，换位思考就是我们要站在对方的角度去思考问题，设身处地为对方着想，从而让我们看到对方的处境、想法等。这样，我们能对事物产生深度的认识和把握，从而帮助我们把说服的话说到对方的心坎里。

演讲中，我们应当把自己和听众所处的位置关系交换一下，站在听众的立场上，以听众的思维方式或思考角度来考虑问题和说话。这样，多为听众考虑，听众会觉得你在为他着想，自然就会臣服于你们的真情实意。

为此，你需要做到：

第02章
向TED学习如何做成功的演讲，懂点心理学让演讲具有影响力

1.话语中注满真诚

谚语说："真诚贵于珠宝，信实乃人民之珍。"要想自己的话语能够打动听众，就需要在话语里注满真诚，只有真诚才能打动人。花言巧语或者虚情假意地表达，反而令听众厌恶。

2.讲话要有耐心

耐心地演讲，不仅有利于听众听懂你的意见，更能让你慢条斯理地理清思绪。生活中，不少人因为没有花时间系统地质疑自己的先入之见而身陷糟糕的演说中。心理学家把这种急切的心态称为"确认陷阱"——他们没有去寻找支持自己想法的证据，同时又忽视了那些能证明相反意见的证据。

3.把话说到对方的心里

人都是有感情的，说话能做到动之以情，晓之以理，就是最完美的沟通。我们在演讲中要注意听众的反应，学会从听众的反应中修正自己的话语，尽可能把话说到听众心里。把话说到听众心里，才能真正地打动人。

4.站在听众的立场说话

如果你在说话时总是想着自己，光顾着自己，这样说出来的话是不会有感情的。因此，我们应该让自己站在听众的立场说话，这样说出的话才有感情，才能打动听众。

5.演讲中多与听众沟通

向听众询问意见，能带动听众认真倾听你的演讲，尤其是当听众默不作声或不愿意参与互动的时候，可用询问行为引出

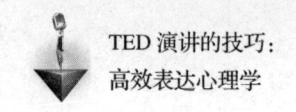

对方真正的想法，了解对方的立场以及对方的需求、愿望、意见与感受，并且运用积极倾听的方式，来诱导对方发表意见，进而对自己产生好感。

总之，演讲中的说话绝不是嘴唇上下碰撞的简单动作，而是一个人综合素质的体现。因此，说话之前，我们一定要进行充分的考虑，了解哪些话应该说，哪些话不该说，该怎样说话才是站在听众的立场上。

在语言中倾注热情，才能感染听众

我们在公共场合讲话，最重要的是自己的语言表达富有感染力，如此才能调动听众的情绪。演讲时，我们切忌自己一个人在台上"唱独角戏"，听众在下面却躁动不安。如果你的讲话换来的是听众毫无反应的场面，那只能证明你这次讲话的失败；如果你的讲话能够使听众喜笑颜开，并且他们能够随着你的讲话内容而思考，那就说明你的讲话是比较成功的。而通常情况下，不少人讲话都是枯燥的，那么怎样来很好地调动听众的情绪呢？这就需要我们善于围绕主题展开话题，在自己的语言中倾注热情，无疑，这样的讲话是成功的。

曾参与TED大会的史蒂夫·乔布斯说过："那些充满激情的人能让世界变得更美好。"

第02章
向TED学习如何做成功的演讲，懂点心理学让演讲具有影响力

他的每场演讲，都堪比百老汇的戏剧，包含了高水平叙述的所有经典要素：基本设置和惊喜，英雄和恶棍。

如今，很多致力于提升自己演说能力的人都在模仿"史蒂夫·乔布斯式"的演讲，包括他主题演讲的极简设计，但乔布斯讲故事的秘诀并不在PPT里，而在他的心中——用科技改变世界的激情。

他告诉我们，所有成功的创业者都具有的品质，那就是激情。问自己，是什么让你的心灵歌唱？成功的秘诀就是找到你非常爱做的事情，那样你等不到太阳升起就想再重新做一遍。

演讲何尝不是如此，没有情感的演讲，也不可能真正打动听众。然而，我们发现，不少人在讲话的时候，只充当了一个"传话筒"的作用，上面怎么说，他就怎么说，不添枝加叶，不拓展话题，最后，他们的讲话就成为了千篇一律的："今天，我所讲的是……第一是……第二是……第三是……谢谢大家，我的话讲完了。"在整个讲话过程中，他的语言苍白无力，听众却是不知所云，究其根源，在于没能将话题展开，没能增添语言的感染力。

美国有一位很有权威的演讲家叫福胜·J.辛主教，在他的《此生不虚》一书里有这样的片段：

"有一次，我在众多学员中被选中了参加一次演讲，就在演讲的头一天晚上，我被我们的辩论教授叫到了他的办公室内，他劈头盖脸训斥了我一顿：

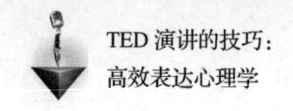

"'你简直就是个名副其实的饭桶！自从我们学院创办以来，还没见过你这么糟糕的演讲者！'

"'那，'我说，我试图为自己辩护，'我既是这样的饭桶，为什么还要我进入辩论队？'

"'因为你会思考，而不是因为你会演讲，去，到那边去，把演讲稿中的一段抽出来，然后再讲一遍。'于是，我按照教授的话，把一段话反反复复地讲了一个钟头，然后他问我：'看出其中的错误了吧？''没有。'于是，接下来，又是一个半钟头，最后，我实在没力气了，教授问：'还看不出错在哪里吗？'

"过了这两个半钟头，我找到了问题的关键。我说：'现在我知道了，我的演讲没有诚意，我只是纯粹地背诵演讲词，我心不在焉，没有表达自己的情感。'"

终于，福胜·J.辛主教明白了一个道理：要让自己沉浸在讲演中。因此，他开始让自己对题材热心起来。直到这时，博学的教授才说："现在，你可以讲了！"

可见，在演说中，在描述某个事件时，你的动作和情感越丰富，就越能让听众产生深刻的印象。如果你的演讲不能用积极和热情来进行，那么，即便你讲演得再细致，也是起不到任何作用的。

那么，我们该怎样说才能打动听众呢？

第02章
向TED学习如何做成功的演讲，懂点心理学让演讲具有影响力

1.选择让你愿意倾注热情的主题

我们都希望自己演讲的话题能调动听众的兴趣，但并不是只要我们愿意去说，就一定能让听众感兴趣。举个简单的例子，如果你是主张自己动手的人，你自己也是这么做的，那么，你可以向听众谈谈洗盘子，但实际上，假如你一点也不愿意这样做，你能确定自己一定能把这个话题说好吗？但是，我们可以确定的，任何家庭的女主人，都能将这一话题说得很精彩，因为她们对这一问题深有感触——她们每天有洗不完的盘子，她们总希望能找到新的方法来代替自己去做这个工作，她们也可能很恼火为什么每天要重复做这件事，但无论怎样，她们对这一题材绝对更有发言权，也更来劲，所以，她们可以就洗盘子的题目说得头头是道。

你可能会问，怎样的题目才是合适的题目，是否适合演讲？这里，有个最为简单的方法，你可以问问自己，在演讲的时候，如果有人站出来反对你的观点，你是否有勇气辩驳或者说有百分之百的信心为自己辩护？如果你有，那么，这一题目就是绝对合适的。

2.让你的声音展现生命力

不得不说，随着年龄的增长，不少人都失去了年幼时的纯真和自然，与人沟通也都陷入模式化之中，变得没有生气，但如果你希望成为一名好的演说者，你就不能拒绝吸收新的词汇，或者吸收新的表达形式。

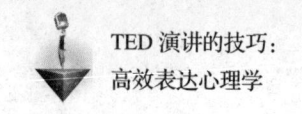

3.叙述时让经验重现

我们在演讲时，除了运用图画般的细节，还有重要的一点就是让当时的情景再现。我们可以将"表演"称为演讲的姐妹艺术，任何一位演讲高手身上其实都能找到表演家的天赋，这并不是只是那些善于雄辩的辩论家身上所特有的，在我们周围很多人身上都有，他们在说话时面部表情很丰富，脸部和手部动作多种多样。我们生活中的大多数人都能学会这样的技巧，只要稍加练习即可。

现在假设你是在描述一场火，那么，不妨把消防队与火焰搏斗时所感受的紧张、激烈和焦灼感表达出来并传递给听众；你想展现你和邻居曾发生过的一场争吵吗，将事件再现并戏剧化；你想展示溺水时在水中挣扎的惊恐吗，那就让听众也感受到人在即将死亡时内心的恐惧和绝望吧！

掌握几点吸引听众注意力的技巧

我们都知道，在演讲中，能否带动听众的兴趣和情绪决定了整个演说效果的好坏。那么，怎样抓住听众的注意力呢？

在演讲中，能吸引听众注意力的方法有很多种，可以以惊人的事件为开头，也能请求听众举手回答，还可以使用展示物等。这些方法都能使平淡的演说更有趣味，从而活跃演讲氛围，获得更好的演讲效果。

摄影师丽萨·克里斯汀曾参加过TED演讲，她是个用照片记录故事的人，在参加TED大会前，她曾花了两年时间走访世界各地，用照片记录了最灭绝人性的罪恶之一——现代奴隶贸易。在TED演讲中，她先用播放幻灯片的方式吸引了听众的注意力。

在整个演讲过程中，克里斯汀对她的演讲主题充满热情。她谈到一次偶然的机会，她结识了一位正在努力根除奴隶制的人，从此开始了解奴隶制。演说中，她并没有使用太多手势，但是，她闭上双眼说道："我与他的谈话结束后，我感到十分羞愧，对于这些残酷的事实我从前竟然根本不了解。我想，还有多少人也和我一样对此毫不知情呢？这让我坐立难安。"

事实上，任何一名TED演说的人都深知吸引听众注意力的重要性，他们也都有自己独特的方法，他们总是能让听众追随自己的思路，以下是他们给出的几点如何激发听众兴趣的心理技巧：

1.以震撼人心的事实开头

宾州州立学校婚姻顾问处处长克里夫·R.亚当斯曾在《读者文摘》上发表了一篇名为《如何挑选配偶》的文章，他是通过展开事实论述的方法来开头的——仅仅是这些事实都能立即抓住你的注意力，让你想一探究竟。

"现代社会，我们的青年从婚姻当中获得快乐的概率实在

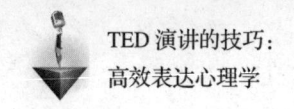

是太微小了。如果是1940年，六桩婚姻中会触礁的大概可能是一桩，但是到了1946年——短短的6年时间，四桩婚姻中就可能有一桩婚姻会触礁。按照这样的速度增长，如果这种迹象长期继续下去，到50年代就将是50%了。"

这篇文章一开始是震撼人心的，所以能激起听众的共鸣，这一种"震撼技巧"，就是利用出人意料的方法来起到获得听众注意讲演题材的效果。

2.借助展示物

想直截了当地吸引人们的注意力，最为简便的方法大概也就是直接将某件东西举起来，让人们看到它，无论你的台下坐的是谁，傻瓜、婴儿或者是猴子，再或者是一条小狗，他的注意力也会被你这一举动瞬间吸引。

如果你的听众都是严肃的，那么这一方法也能对你起到作用。例如，费城的艾利斯先生在一次演讲刚开始时，就用自己的拇指和食指握住一枚硬币，然后高高举起，举到高过肩膀的位置，然后，在场的每一位听众都看着他，此时，他开始说："有没有人在人行道上捡到像这样的一枚硬币？它上面说，只要是捡到这种硬币的人，都是幸运的，因为你能在房地产开发上得到很多优惠政策，当然，前提是你要把这枚捡到的硬币交给主办的公司即可……"接下来，艾利斯先生开始谴责这种行为，指出其是错误和不道德的。

3.邀请听众参与到演说中来

这是一个很好的方法，能引起听众的注意和兴趣。卡耐基在谈到《如何避免疲劳》时，他是这样开口的：

"让我们来举手看看，在座的各位当中大概有多少是认为自己在疲倦之前是必须要早早地休息的？"

记住这一点：在请听众举手以帮助我们做调查时，应先给听众一些提示，让他们知道你要这么做。不要一上来就劈头盖脸地问："你们当中有多少人是相信所得税应该降低的？让我们举手瞧瞧。"而应该换成这样的表达方式："我想请各位举手回答一个对各位而言十分重要的问题。问题是这样的：'在你们当中有多少人相信货品赠券对消费者有好处？'"这样能让听众做好回答的心理准备。

请听众举手的技巧其实就是请听众参与到你的演说中来。一旦你使用了这一技巧，你的演说就不是你单个人的事情了，听众早已投身参与了。当你问道"各位当中有多少人，在认为自己该疲倦前就早早疲倦了"时，每个人都开始认真地把这一题目放置到自己身上，看看自己的情况到底是怎样的。当他在获得肯定的答案后，会举起手来，此时，他也会四下看看有谁是和自己一样也举起手的，然后他会对自己旁边座位上的小姐或者先生报以微笑，顿时，原本冰冷的气氛就打破了，而身为演说人的你也能轻松一点。

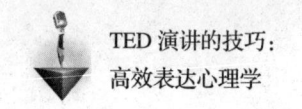

4.告诉听众他们如何做就能获得他们想要的结果

还有一个百试百灵的方法,能让听众密切关注你的演讲,那就是告诉听众,如果他们按照你的建议去做的话,能获得什么好处或者可以获得他们想到的结果。下面是一些案例:

"我要告诉各位怎样防止疲劳,怎样让自己每天可以多一个小时的好精神状态。"

"我要告诉各位怎样从实质上提高收入。"

"如果各位听我讲十分钟,我答应各位一定会学到一个能让自己更受欢迎的方法。"

这种承诺式的开场白一定会引起听众的注意,因为它关系到听众每个人自身的自我关注意识。然而,一些演说者似乎总是忽略应将自己的演说题目与听众的兴趣联系起来这一点,而总是说一些无趣和无关紧要的开场白,啰嗦地大谈背景,结果忘记了自己的本来目的。

上面我们分析过的几种方法,它们能被单独使用,也能结合在一起使用。总之,你要认识到自己是否能抓住听众的兴趣对听众是否接受你的演讲内容起着决定性的作用。

第03章

明确主题，像TED演讲那样先抛出一个吸引人的主题

我们常说，磨刀不误砍柴工，这告诉我们，做任何事都要注重做足准备工作，对于演讲来说也是如此。而在演讲中，第一步就是确定主题，主题鲜明，演讲才能深入人心。事实上，从TED大会成立至今，每一场演讲都有其主题，内容涉及科技、人文、教育等方方面面，那么，如何确定和拟定演说主题呢？下面，我们根据TED演说大师们的经验一一进行总结。

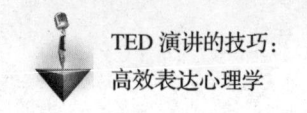

提炼出一个吸引人的演讲主题，是演讲成功的开始

前面，我们已经提及，TED是一个充满思想交汇的地方，且TED演讲早已风靡全球。实际上，但凡有机会参加TED大会的人，本身就是行业内的佼佼者，他们要么开创了某一行业，要是做出了某些足以给社会带来改变的创举。前来参加大会的，有诺贝尔奖获得者，也有科技大腕，如比尔·盖茨，但往往也有魔术师、杂技演员，他们混在一起，让大会更具特色。

正如所有的演讲一样，每年的TED大会都有自己的演讲主题。比如，2012年的美国时装模特卡梅伦·鲁塞尔演讲的主题就是"外貌不是全部"，而2015年ONE LOGIC的首席数据科学家塞巴斯蒂安·韦尼克博士的演讲主题是"科技改变未来"。

2015年，卡内基梅隆大学机器人研究所的教授克里斯·厄姆森教授在TED大会上发表了关于汽车"无人驾驶"的演讲。他说："从统计学上来说，汽车上最不可靠的部分就是驾驶员。""科技越发达，驾驶员就越不需要负责，所以人民只是把汽车变得更加智能，没让我们看到真正需要的成功。"实际上，这一演说让与会的人士看到了无人驾驶的未来前景，主题鲜明且新颖有趣，很有启发性。

的确，中国人常说"磨刀不误砍柴工""有备无患"，也

第 03 章
明确主题，像 TED 演讲那样先抛出一个吸引人的主题

就是说，在做事之前，充分的准备工作有助于提高做事成功的可能性。而对于演讲这类社会活动，更需要我们做到有备无患。事实上，即便是那些TED演说高手，他们在开口前也会对语句的组织做一番精心准备，以便使自己的讲话更准确、更生动。

另外，我们参与演讲都有一定的目的，或激励，或劝说，或为了说明观点，或为了部署工作、提供信息等。有演讲目的，自然就有了演讲主题，可以说，主题是讲话的灵魂，是所有内容的统帅。讲话缺乏主题，即使堆砌大量华丽辞藻，也不会有实际的价值和意义。语言缺乏统帅，就是字词的拼凑，不可能有说服力和感染力。

所谓演讲主题，就是在开口前就要确定演说的中心思想、主要观点、演讲内容以及步骤等，也就是我们要向听众传达的观点、感情或态度。要了解演讲的主题，就需要事先了解演说的目的是什么，也就是出于什么动机开展这次演讲。

确定演讲目的不是难事，提炼出一个吸引人的演讲主题却不易，主题能抓住听众的心，是一场演讲成功的开始。因为对于一场演讲来说，主题是其门面，听众在听你的演讲之前，是无法了解你演说的具体内容的，真正能吸引他们的，也就是你的演讲主题。

那么，我们该如何确定一场演讲的主题呢？

1.划定你的演讲范围

演讲前，你要事先准备，自然有大量的数据和资料，但

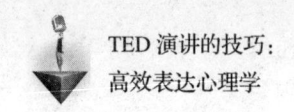

千万不要把你的主题范围定得太广，否则你会发现想要把你想说的一切归纳出来压力很大。学会去芜存菁，找到主题的焦点，这就意味着你必须缩小范围，才能有足够的时间阐明你想要表达的观点。

2.了解你的演讲目的

目的一定不能模糊不清，因为你不会希望信息被别人误解。你的演讲目的必须要在主题中体现出来，而不要让听众猜测你究竟在说些什么。

3.演讲主题要有针对性

作为一名演讲者，在你确定一个主题前，你应该考虑到这个主题有何价值，要知道，不是所有的主题都能激发听众的兴趣。毕竟，演讲是一种社会活动，是用于公众场合的宣传形式，你的目的是要"征服"听众的，你的主题也就要是公众关心的问题，只有这样，才能起到一定的社会效果，让听众心悦诚服。

4.演讲主题要上口入耳

"演讲"和"表演"不同，前者的本质在"讲"，而后者在"演"，因此，在提炼你的演讲主题前，最好是上口入耳的。比如，马丁·路德·金的《我有一个梦想》，这个主题就简单明了，让人记忆深刻。你可以先默念一下，如果有讲不顺口或听不清楚之处（如句子过长），就应修改与调整。

5.演讲主题要有意义

不要把你的时间或者观众的时间浪费在无关紧要的细枝末节上。你不想超出听众的理解能力，不过你也不会想要侮辱他们的智慧。记住你是在进行严肃认真的演讲，而不是在咖啡馆里表演喜剧。

总之，演讲主题能限制你的讲话范围，以目前为前提来组织语言和准备材料，就能帮助我们确定演讲主题。

进行演讲的几个理由

我们都知道，演说中我们要做很多工作，如调查研究、收集资料等，但最重要的一步是找到你的演讲动机和目标，如此才能确定你的演讲主题。目标不明确，主题自然就涣散，更别说运用心理表达技巧打动听众了。

为什么TED演讲能够吸引人，答案就在于它是每一个听众内心的折射，它代表着每个人内心的渴望——每个人的内心都有一个想去分享的冲动，每个人的内心都有一个改变世界的愿望，只不过我们经常将它淹没。

对于一个演讲者而言，弄清楚自己的演讲目的就好比给自己树立一个靶子，接下来所有的准备内容都是为了更精准地击中目标。

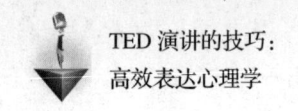

有人将迄今为止TED粉丝们最喜欢的TED演讲案例进行总结，前五名分别是：学校如何扼杀创造力、肢体语言塑造你自己、伟大的领袖如何激励行动、脆弱的力量、解密大脑的奇迹。如果你观看这些演讲视频，就会发现，演说者都有自己清晰的目标与主题，且观点鲜明，给听众留下深刻的印象。

我们再来看下面一位大学生的职业规划演讲：

小林是一名即将毕业的大学生，他学习的专业是工商管理，因为学习成绩优异，加上在学校里各方面的表现都很优秀，学校邀请他代表全系同学进行一次职业规划演讲。对此，他准备良久，登台之前，他深呼吸一口气，然后闭目养神，将预先练习好的讲话过程又快速思考了一遍，然后他大胆地走上了演讲台。

"尊敬的老师，亲爱的同学们：

"大家好！我是来自工商管理系的学生小林。这里，我想跟大家分享一下我的职业规划。首先明确一下我的职业目标是职业经理人。

"第一步，是我的自我分析：我是一个独立、坚强、有责任心的男生，与人打交道的过程中，我热情、大方，所以大家都比较喜欢我。当然，我的性格里也有一些劣势的特征，比如缺乏主见，做事不够果断、冲动等。另外，在能力的自我评估方面，我是个有较强的观察分析能力、逻辑思维能力、组织协

第 03 章
明确主题，像 TED 演讲那样先抛出一个吸引人的主题

调能力、交际沟通能力、创新冒险能力的人。这些都是成为一名管理人才必备的能力。

"第二步，是我对职业经理人的一些见解。我认为，要成为一名合格的职业经理人要具备四能、三素、双赢、一心这4点。四能就是决策能力、执行能力、组织能力、协调能力。三素就是道德素质、文化素质、个性化因素。双赢强调的是在处理公务、商务、事务中应结盟取胜。一心就是一心放在工作上，对事业精益求精。

"当然，这只是规划，实现目标还需要有行动，这就是执行能力。关于我的执行能力，我给自己定的目标是，在大学期间通过英语四、六级，学好专业知识考取人力资源管理师证书。毕业后五年争取进入一家大型外资企业，我想我在这里有充分的发展空间，我会以自己的能力成为部门主管或经理。之后几年我会不断学习充实自己，实现从中层到高层管理职位的晋升，最终成为一名职业经理人，实现自己成为高级管理人才的梦想。

"'凡事预则立，不预则废'。我想对于自己的人生规划也是这个道理，因为人生就是一部作品，谁有生活的理想和实现的计划，谁就有好的情节和结尾。不管我的职业规划实现的过程是何等的艰辛，我坚信通过我的拼搏，我会有个成功的职业人生。"

当他讲完之后，学校礼堂响起了热烈的掌声。

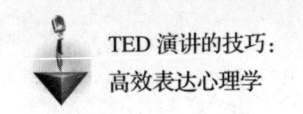

很明显,在这场职业规划演讲中,这名学生在自我剖析、职业理解和行动力方面做了全方位的分析,有理有据,结构分明,让人一目了然。

那么,如何树立目标呢,以下是TED演讲大师们的建议:

1.值得分享的一个观点

作为社会的一份子,我们在社会中的角色是多种多样的,我们也是从事各行各业的。我们可以作为一个教育者、社会学家、科学者等角色,去分享我们这个行业中对人类社会有贡献的一个观点。很多人会说:"我所在的行业很小,我提出了观点会不会没有受众?"

要知道我们所提出来值得分享的这一个观点不需要很大,如果它能够解决人们生活中所遇到的问题,那么这就是一个值得分享的观点。譬如,我们刚刚提到的"我所在的行业很小,我提出了观点会不会没有受众?"只要你有足够的论点和论据来支撑这个问题,那么这就是一个好的演讲主题。

2.提出一个行动导向的问题

我们做演讲最重要的任务就是号召观众做出行动,让世界和生活越来越好。我们为什么要做这个主题的演讲而不是另外一个,是因为我们提出来的这个问题有行动导向。要让观众知道,我听完你这个演讲之后我需要做什么,我能够做什么。

例如,TED演讲中,有这么一次演讲是号召我们每天少用一张纸,一年下来,我们就可以拯救好几个大兴安岭。有了这样一个数据的支撑，有了这样一个具体行动的结论，听完演讲，观众就会明白，自己从这个演讲中获得了什么，应该怎么去行动。

所以，我们想要做一个好的演讲之前，要提出一个有行动导向的问题，从而确定主题。得出结论的时候最好是用"我们应该怎么做，从而……"这样的句式。

3.演讲的目的是给予

什么样的演讲才能得到观众的认可，一定是以观众为中心，而不是以演讲者为中心的演讲。我们现在的目的就是分享给观众一个观点，只要这个观点能触动到一个人，那么，它就是成功的演讲。

明确主题，根据主题定好演说风格和基调

演讲是一种以有声语言为主、无声语言（态势语）为辅进行思想交流和宣传的有力工具。它的形式是丰富多彩、无限多样的。实际上，包括TED演说大师在内，任何一个出色的演说家，都有自己的演说风格，并且，这种演说风格并不是一成不变的，他们会根据演讲主题的类型，定好言辞的基调。他们都站在众人面前，或慷慨激昂，或朴实无华，或幽默调侃等，将他们需要传达的观点以自己独有的方式传达给听者，起到良好

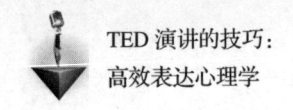

的表达效果。

然而，要确定演说风格和类型，首先要明确你的演说主题。的确，TED演讲被公认为世界上高水准的演讲，无论是演讲者、演讲主题、演讲内容、演讲效果还是演讲技巧，它已经创下了总计10亿余次的视频点击量，成为公众演讲的"金牌标准"。

所以，千万不要指望去讲好一个包容万千的话题，那样只是徒劳。有一个年轻人，他想在2分钟之内讲清楚《公元前500年的雅典战争》，这简直不可能，当他才开始演说到雅典城的建造时，时间就到了。

不少人的演讲，都是因为主题和范围不确定，而导致演说中有太多的论点，内容杂乱无章，听众更无法集中注意力听，为什么会这样呢？因为人的注意力不可能同时放到几件事上。如果你的演说只是流水账，那么，听众是不可能找到你要说的重点的，因为连你自己也不清楚。

在钱锺书先生的小说《围城》中，有个主人公叫方鸿渐，他是一名留洋归国的学生，他回国后，家乡的一所学校请他去给学生们做一次演讲。

然而，方鸿渐的留洋经历不过是个虚名，他本身根本没有多少真才实学，不过，面对学校的邀请，碍于面子他也不好推辞。

演讲前的前一天晚上，他准备查找一些资料的，却在看书时睡着了。就这样，第二天演讲时，为了应付，便大谈自己熟

第 03 章
明确主题，像 TED 演讲那样先抛出一个吸引人的主题

悉的有关鸦片与妓女的话题，弄得在场的人都很尴尬，他自己也因此而贻笑大方。

这里，方鸿渐为什么出尽了洋相？很明显是准备不充分，不但没有做好充分的调查工作，甚至连基本的主题都没有确定，临时发挥时只好胡说一气。

在心理学上，有个著名的手表定理，所指的另一层含义在于每个人都不能同时挑选两种不同的价值观，否则，你的行为将陷于混乱。同样，任何一次演讲中，演说者能否达到成功打动听众的心的效果，就必须要定好自己演说的主题，混乱的演说主题是无法深入人心的。如果演说中都不能明确定位演讲的主题，又怎么能确定演讲的类型和风格，又怎么能抓住听众的心呢？

那么，我们如果对演讲进行分类呢？当然，分类角度不同，分类结果也不同。演讲学研究中至今尚无公认的分类标准，也没有建立唯我独尊的分类标准和必要。

从演讲风格上讲，不同的演讲者、演讲内容，与之对应的演讲风格也是不同的。比如，一个性格内向、不善言辞的女孩不适于上台背诵慷慨激昂的演讲词；在宣读沉痛的哀悼词时就不能开喜剧式的玩笑。

从演讲场所上讲，公众和环境的特殊性要求演讲者运用不同的演讲技巧。如法庭上，律师和法官的言辞就要注重逻辑的严密；而课堂演讲则要注重语言的深入浅出，以听众能听懂、

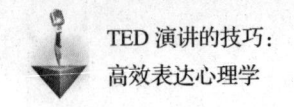

接受为主。

从演讲的结构形式上讲，不同的结构形式也要求演讲者在选择材料、构筑框架有所区别的情况下进行演讲。例如，即兴演讲的语言就要简单明了、不可啰唆。

总之，演讲者需要根据不同的场合、听众、演讲内容等，在构思演讲时努力做到内容和形式的协调与统一。

具体来说，这些演说的基调可以分为：

1.严谨型

这类演讲语言一般都经过比较细致与严谨的推敲与加工，因而逻辑性很强。演讲者在演讲的时候，也会重复强调重要内容，并加以说明。因为演讲氛围较严肃，因此，演讲者无论站立还是端坐，肢体都会相对稳定。

这种演讲多在隆重场合进行。

2.谈话型

顾名思义，就是演讲者在演讲时，好似与听众在谈话一般。这要求你在演讲的时候，做到：

说话平易近人，语言通俗易懂，音色自然朴实，语气亲切委婉、清新自然、不加雕饰，表情轻松随和，语意语境纯净、真诚、厚重，形象亲切，内容生动感人，动作与平时习惯无异，领导者与听众拉家常似的漫谈。

3.激昂型

这类演讲语言的风格澎湃宏阔、激越高昂、豪壮刚健、英武奔放。

因此，你在演讲时要音域宽广、音色响亮、精神饱满，手势幅度较大，给人以奋发向上，朝气蓬勃的振奋感觉。

那么，怎么才能达到这一演讲效果呢？调理呼吸，科学发声是关键，尤其要在胸腔、腹腔、颅腔共鸣做到合理分配。

4.柔和型

一些具备天赋的女士在演讲方面采用这种方式，效果是很好的。因为女性的嗓音圆润甜美，吐字清晰准确，并且具有亲切的微笑、柔和的眼神。

5.绚丽型

这是一种注重演讲辞藻和演讲气势的演讲风格。在20世纪90年代，大学辩论会火爆时可以经常看到。目前在学校、机关开展的演讲比赛、先进事迹宣讲活动多是采用这种风格的演讲。

要达到这一演讲效果，演说者可以旁征博引、纵横古今，引用大量的名言警句、逸闻趣事、典故史实，以及某些新鲜有趣的材料。

6.幽默型

这类演讲风格具有喜剧色彩。领导者在演讲的时候，需要做到音调变化大，语言生动形象，逗人发笑，手势动作轻捷灵活。

以上六类演讲风格不是绝对泾渭分明，演说者可以以此为借鉴进行练习，从而最终形成自己的演讲风格。

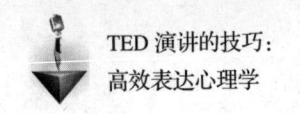

演讲材料的选择必须围绕主题

我们都知道，演讲者在公共场合说的任何一句话，都必须是真实可信的，也就是必须要有据可依，所说的任何一句话，都要有依据，这就涉及材料的选择与使用。在我们确定了演讲的主题后，就能对演讲所需要的材料进行大致地划分，但还需要注意的是，不是所有的材料都适合我们的演讲，也就是要选择精炼的材料。

任何一个TED演说大师都认为，演讲最重要的是选择主题，如果你的题目选对了，就成功了一半；比如，如果你能谈自己的信念，那是不会有错的。你知道自己的信仰，不必再寻找，虽然平时你不提及，但它一直停留在你的意识表层，只要你稍稍想一下，就能找到。

另外，对你的题目，你最好还要多了解一点，多收集一些资料，你对某件事了解得越多，便会表现得越真诚。而要想让你的主题更深刻，最好要选择和运用更为精练的演讲材料。我们来看下面的演讲：

凯撒大帝是罗马共和国末期的军事统帅、政治家、儒略家族成员。

他曾花了八年时间征服了高卢全境，还袭击了日耳曼和不列颠。但在他掌权时期，曾遭到布鲁图斯等人的诋毁，他们称凯撒有野心，是暴君。安东尼是凯撒的重臣，为此，他站出来

第03章
明确主题，像TED演讲那样先抛出一个吸引人的主题

为凯撒说话，他用了三个材料：

"他曾获胜边疆，但却将获得财务都归功国库。"

"他听到穷人的困惑生活，也会掉下泪来。"

"那天，你们曾目睹我三次劝他登基，他却三次拒绝。"

这里，安东尼所讲述的三个材料，分别证明了三件事：凯撒没有为一己之私而侵吞国财；凯撒满怀仁爱之心；凯撒为人谦虚而不是野心勃勃。这几点材料都紧扣主题，都有力地证明了自己的观点，给布鲁图斯等人以强有力的回击。确定演讲主题后，演讲者经过调查与构思，将面临材料取舍与使用的问题。搜集了大量材料之后，并不是所有的材料都可以派上用场的。因为演讲不是简单地堆砌材料，而是只能选取那些最能说明问题、最能打动听众的材料来用。

那么，具体来说，在演讲材料的选择和使用上，我们该注意哪些原则呢？

1.材料必须真实可靠

在公众面前说话，你所说的每句话都必须是真实的，这样说出来的话才能让听众信服。相反，即便你把话说得滔滔不绝，但内容虚假，你也不会达到你的演说目的。

要做到材料的真实，你就要做到不但掌握书面材料，还要观察生活，从生活中搜集客观真实的材料，这样才具有了普遍意义。

另外，你还需要注意的是，整理材料的过程中，你还要把

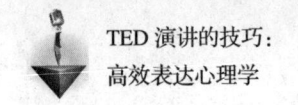

握材料,不能用模糊的词语,让人不敢确定。

2.材料必须紧紧围绕主题

我们应把主题当成材料取舍的重要标准,我们之所以寻找材料,就是希望材料能起到佐证主题的作用。如果偏离主题,那么,你的材料即使再完美,也是毫无意义的。

可见,在选择材料的过程中,只要是能凸显主题的,与主题关系密切或者有关联的,都可以选用,而与主题关系不大,或者无法很好地反映主题的,都应舍弃。

3.材料必须典型生动

所谓典型,就是具备代表性,典型性材料就是那些最具广泛代表性和强大说服力的材料,这样的材料,能以小见大、以少见多,能帮助我们更自信地阐述观点,也能让讲话更精练。

因此,选择典型性材料,无论从内容还是形式上而言,都是必要的。材料的生动性则体现在材料新颖、实在、有趣、灵活等特征上。新颖生动的材料,能够充分调动听众的兴趣,引发观众的想象力,并且可以使讲话声情并茂,增加表达的感染力,让观众耳目一新。

4.材料必须要有针对性

适合演讲主题的材料并不少,但并不是所有材料都应该被运用到演讲中,因为我们还要考虑到听众自身的因素,要真正做到因事、因地、因人,这样才能真正起到以情动人、以理服人的效果,激发听众的热情和兴趣。

那么，什么是针对性的材料呢？

要考虑到演讲的场合和听众的兴趣；要针对听众的不同文化程度，把材料具体化、形象化；要选择那些符合听众心理需求的材料；要选择那些科学性和理论性强的材料，让听众信服；要考虑到自身的情况，选择那些自身熟悉的材料，这样才能做到演讲时自信满满。

总结起来，演讲者选择和使用材料，一定要以演讲目的和主题为出发点，并考虑到听众和自身的独特因素，珍惜选择那些有用的、真实的材料，才能帮助我们完成一个出色的演讲。

认真构思，做好演讲的布局

我们都知道，演讲是一门艺术。好的演讲能激发听众情绪，赢得听众的好感，要做到这一点，需要演讲者的演讲内容思想丰富、深刻，见解精辟，有独到之处，发人深思，语言表达要形象、生动，富有感染力。

事实上，任何一个TED演说者都知道在演讲前要做足准备工作，其中重要的一点就是一定要在头脑中列好演讲的大纲和框架，因为他们明白，如果演讲时语言平淡无味，观点毫无新意，即使在现场"演"得再卖力，效果也不会好，甚至相反。另外，做好演讲的布局，也能减少听众注意力游离的意外状况。

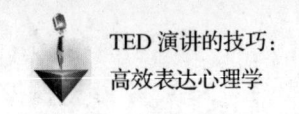

所谓演讲构思，顾名思义，就是预先对讲话进行总体设计，是对讲话方式、过程、意图等进行的架构。

查尔斯·雷纳德·布朗博士是著名的演说家，他曾多次在耶鲁大学发表演说。有一次，他这样说道："认真揣摩你要说的主题，然后将它们大致写出来，你会发现，根据你写下来的这些内容，你会很容易用逻辑将它们联系到一起。"实际上，有这些内容就足够了，接下来，你只需要运用逻辑语言将它们组织好就行了。

最近，已经35岁的王先生辞去上一份工作后，很快应某商场邀约，来这家商场担任楼层主管的工作，这是一家大型企业，所以公司高层负责人希望王先生能在上任之前先做一次就职演说，然而，无论是从知识阅历还是口才方面来说，王先生都显得有点无法胜任，这一点可难倒他了。这对于学历不高、木讷的王先生来说可是个难题，他花了将近十天的时间，来准备这次演讲。

这一天很快就来了，走上公司的会议大厅，他对所有同事和领导说：

"尊敬的各位领导、各位同仁！

"虽然我到××的时间不长，但这在这短短的半个月里，我已深深地感受到××这个大家庭的温暖，看到了××的发展前景。我也坚信我能做好这份工作，感谢公司给了我这样一个实现自我价值的舞台，在未来的日子里，我将继续努力，在原

第03章
明确主题，像TED演讲那样先抛出一个吸引人的主题

有的工作岗位上更加努力地工作，更加刻苦学习，做一个合格的××人。假如大家相信我、信任我，能够给我一次机会，我将在新的岗位上勤勤恳恳工作，认认真真做事，不辜负领导和同志们的希望和重托，将自己的每一分光和热都融化到××的事业中去，脚踏实地地干出一番事业。

"日后，我希望，能用你们的信任和我的努力作支撑，共铸××商场明天的辉煌！谢谢大家！"

这番演说里，表达了一个职场新人对做好未来工作的坚定决心，可谓至真至诚，自然能打动人心，获得同事和领导的支持。

那么，具体来说，我们该如何构思演讲的环节和内容呢？这需要我们从三个方面努力：

1.整体内容的构思

所谓对演讲的构思，需要我们从整体上对演讲过程进行把握，而这需要我们在明确演讲目的的前提下，设定好演讲场景，然后确定演讲的主题，随后我们要搜集那些能验证我们观点的事实材料。

对于我们搜集的材料，我们要进行分析与加工，你要确定哪些材料可以用，哪些不可以用，以及哪些在加工后才能用，从而使自己讲话的主题建立在充分证据的基础上。这样不但会让讲话内容更充实，也会让自己在讲话时心境更放松，更有自信。

2.对讲话的结构与过程进行构思

一场好的演讲，必定是气势磅礴的，也就是说，内容好

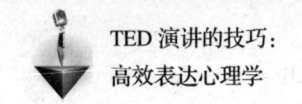

只是其中一个好的方面而已，还需要有好的形式。我们不难发现，即便同样的演讲内容，被不同的演讲者叙述，也会产生完全不同的效果，这是为什么呢？

就是因为他们处理讲话结构的方式不同。一场绝妙的演讲包括开场白、中间部分和收尾，人们常常将这三个部分形象地描述为"凤头、猪肚、豹尾"的式样。

在构思这三个部分时，你需要注意的是，对于第一部分，你不可操之过急，而应该先将听众的注意力吸引过来，然后再展开内容，这一部分要求语言设计巧妙，有吸引人的强烈效果。中间部分则应该层层递进，不断制造高潮，控制听众的思绪，同时语言要充实、舒展，能将要表达的内容完整准确地表达出来。结尾部分则应该用简洁有力的话语迅速收住，不拖泥带水。

3.关键环节的构思

讲话要引人入胜，还必须巧妙地设计一些关键环节。

那么，什么是关键环节呢？要么是对观众兴趣的激扬，要么是对话语内容的强调。幽默、悬念等话语，能够让观众高兴、为观众提神，在整个讲话进程中合理布局这类话语，可以让观众处于持续的兴奋状态，是激扬兴趣的关键点。而需要观众认真去听的某些内容，则可以通过重音，通过敲击声，通过向观众提问来提醒他们注意。

总之，讲话是否经过认真构思，将直接影响讲话的水平与效果。构思详细准确，讲话将更流畅、更充实，否则难免在讲话中出现各种纰漏。

演说要自然，就要掌握练习的艺术

帕尔默是世界著名的音乐家和表演艺术家，他曾在2013年参与TED演讲，针对练习这一问题，他说："试着重复做一件事，不是为了有朝一日能驾轻就熟，而是要让它融入你的灵魂。"该演讲视频后来在网上发布，仅仅几天时间就获得了一百多万的点击量。

也许你认为，作为一名表演艺术家，在公共场合进行一个十几分钟的演讲实在是太简单了，但事实上，帕尔默为了做好此次演讲，他足足花了四个月的时间准备，不断改进，力求做到最好。

帕尔默曾说他的时间完全消耗在了这场演讲上。光是演说词，他就改了很多次，发现有不满意的地方就改，并且，这是限时演说，所以他不断调整内容，只为了把最完美的东西"装进"12分钟的演讲里。

的确，在我们看来，TED演说者们看起来十分自然的演说效果，却不是自然获得的。演讲要做到"自然流露"，需要大量的准备工作——前所未有地深入挖掘自己的内心，选择最能体现你想法的措辞，用最具影响力的方式演讲，确保你的非语言表

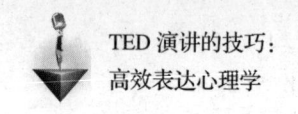

达——你的手势、表情和肢体语言与你的语言相协调。

依据一般经验,台上演讲一分钟需要你在台下付出一小时的练习时间,要训练自己适应在不同的环境和不同的时段练习演讲,同时运用不同的演示技巧。

预讲可以从以下几个方面入手:

1.大声地念出你的稿子

事先借助稿件练习效果更佳。为此,在准备说话前,你可以先准备一盒磁带,然后边讲话边录入,这样便于调整,纠正一些问题,直至满意,再来做第二步。

2.站立着讲话

在写字台前反反复复地读,与站立着讲话是有千差万别的,因为前者只能算作某种准备,而不是实战演讲。另外,站立着讲话,也更能让你获得自信。

3.准备演讲大纲

即使你在准备演讲稿时已经解决了大量问题,你还是不能照本宣科!因为没有什么会比这样更快地让听众睡着了。你应该直接、自然地面对听众,保持与听众眼神的交流。秘诀是准备简单的演讲笔记,字体要醒目,以便在你演讲的过程中快速地扫视。在讲台上放一块手表,这样便于掌控时间,把握速度,调整内容,让你准时地结束演讲。

4.录下你的"即兴"演讲

回放你的录音带,找出重复使用的词,如"啊""呃"

等。反复修改演讲内容,直到满意。

5.掌握及控制好时间

在演练时必须计算出演讲所需要的时间,再看看它是否过长或过短。大部分演练的时间都比正式演讲时要慢,一般来说,演讲时间要比演练时间快25%~50%。

6.尽量在众人面前练习

这样做的好处是让你减轻在实际讲话中的紧张感。你可以找几个熟悉的并且有见解的人,让他们能对你的演讲给出建设性的意见或批评,而不是赞扬。当然,你需要明确的是,他们明白你演讲的内容吗?你讲的内容有连贯性和逻辑性吗?他们认为你讲的速度是快还是慢?然后根据他们的意见来进一步修改讲话的内容。做上述准备你可能觉得很麻烦,是的,每个成功的演讲人都是这么走过来的。

另外,为了锻炼自己的演讲能力,在日常生活中,你应该努力珍惜每一个能在众人面前说话的机会。那么,如何才能做到这一点呢?

最简单的方法就是你去加入一个俱乐部,该俱乐部中,有很多的练习当众说话的机会,你可以变得活跃点,多去处理一些俱乐部内部的事务,要知道,这些工作都是要四处与人沟通和展现你的说话能力的。

你应该充分记住我们前面谈到的种种建议,并在开始演说前进行二三十分钟的预演,并尽量让俱乐部的每一个人都知道

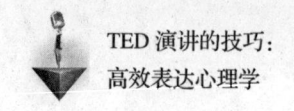

你在准备对他们进行演说。

还有一个更能让你快速获得杰出的表达能力的方法就是想方设法成为一名兼职的节目主持人，你会有很多访问优秀人物的机会，并担任向他们介绍的任务。

戴尔·卡耐基在总结成功的演讲经验时说过："一切成功的演讲，都是来自充分的准备。"的确，演讲也是如此，没有准备，就是失败。我们要时刻注意收集素材，时刻在生活中练习，时刻准备发言。只有这样，才能确保讲话取得更好的效果。

总之，预讲可以减缓我们的紧张不安，提高讲话效果，帮助我们预控演讲时间，并能使内容更加精练。

第04章

打开心理闸门,如何一开口就抓住听众的注意力

任何一名演讲者都知道,演讲中,开场很重要,它可以奠定整个演讲过程的基调。但万事开头难,演讲也不例外。如果开场白毫无新意,那么即使内容丰富、道理深刻,也无法有效地吸引听众,那么,接下来就很可能会出现听众昏昏欲睡的场面。那么,如何开场才能打开听众的心理闸门、抓住听众注意力呢?接下来,在本章中,我们不妨学习TED演说大师们的演说经验。

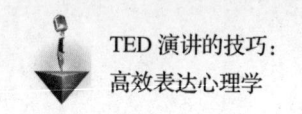

微笑是最纯真美好的名片

拿破仑·希尔曾这样说:"真诚的微笑,其效用如同神奇的按钮,能立即接通他人友善的感情,因为它在告诉对方:我喜欢你,我愿意做你的朋友。同时也在说:我认为你也会喜欢我的。"的确,微笑是与人交流的最好方式,也是个人礼仪的最佳体现。因此,我们在演讲的过程中,你若希望给听众留下一个好印象,就一定要学会露出受人欢迎的微笑才行。因为在这个世界上,没有什么东西能比一个灿烂的微笑更能提升你的个人魅力,更能打动人心的了。

很多TED演讲大师建议:作为演讲者,第一件事就是找到一种方法去解除观众内心的武装,并与之建立起信任的纽带。这样,他们才乐意在几分钟的时间内向你敞开心扉。一开始就与观众进行眼神交流,并适当微笑。

不妨想象一下,当你登上高高的讲台,本身就与听者形成了一定的距离,而此时,如果你再以一副高姿态演讲,板着脸,一副拒人于千里之外的神情,此时,哪怕你的演讲很不错,你也很难赢得听众的喜欢。

要知道,谁都愿见着笑脸。雨果有句名言:微笑就是阳光,它能消除人们脸上的冬色。微笑能给听众留下美好、宽厚、

第04章
打开心理闸门，如何一开口就抓住听众的注意力

平和等好印象，微笑能缩短你和听众距离。卡耐基也说，笑容能照亮所有看到它的人，像穿过乌云的太阳，带给人们温暖。

美国前总统里根的演讲便发挥了微笑的作用。演讲开始之前，里根总是先以微笑示人，让人倍感亲切，给大家留下一个极好的印象，演讲过程中也处处让人感到平易和善，而非高高在上。这样的总统作风自然受人欢迎。拉近与他人的距离，最有效的方法莫过于以微笑示人。

因此，在演讲之前，你不妨先酝酿一下感情，然后对听众报以友好真诚的一笑。实践证明，这是一个简单有效的心理技巧。

当我们对他人微笑时，传递的是友好、渴望沟通的信息，对于对方来说，自然也能感受到你的暗示，那么，他们通常都会同样以微笑来回答你。

可能你会产生疑问，天生木讷的人，该怎样学会微笑呢？而且，人是复杂的感情动物，或多或少都会受自己情绪的左右。对此，我们不妨从以下几个方面努力：

1.生活中多加练习，养成微笑的习惯

心理学家告诉我们，外部的体验越深刻，内心的感受越丰富。也就是说，有了外部的"笑容"，也就有了内心的"欣喜"。每天晚上对镜中的"你"笑上几分钟，然后含笑而眠；早上起来，心中默念"嘴角翘，笑笑笑"，你会发现因为有了笑容，也就有了好心情。

原一平是日本著名的推销员，在他成功的推销生涯中，

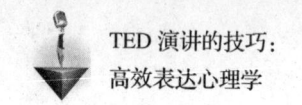

微笑起到了不可代替的作用。为了练习微笑，进而使自己的微笑看起来更自然，他经常这样做：他假设各种场合与心理，自己面对着镜子，练习各种微笑。因为笑容只有从心出发，然后贯穿全身，才能感染他人，所以他就买来一个全身镜，一闲下来他就对着镜子练习。根据多次的练习，他发现嘴唇的闭与合，眉毛的上扬与下垂，皱纹的伸与缩，种种表情的"笑"都表达出不同的含义，甚至双手的起落与两腿的进退，都会影响"笑"的效果。

西方也有一位心理学家做过微笑训练的实验，要求受试者每天坚持对人微笑，实验结果令人吃惊。一个月后，有人感激地说："我原本不爱笑，但从实验开始我每天坚持微笑，我在家庭中和工作中得到的快乐，比过去一年中得到的还多。现在我已养成微笑的习惯，而且我发现人人对我微笑，以前对我冷若冰霜的人现在也显得热情起来……"

2.摆正心态，微笑要发自内心

一个友好、真挚、楚楚动人的微笑，必将会散发出无穷的魅力。然而，只有真诚的微笑才能透出宽容、善意、温柔和自信。

现实中有许多人不爱笑。为什么？是因为他们天生不会笑吗？不是！很多时候因为他们的自我意识太强。由于这种人自我意识太强，一紧张就不容易笑出来。即使笑出来也很勉强，脸部肌肉显得非常僵硬，有时这种笑比哭还难看。

所以，如果你脸上实在笑不出来的话，那我劝你们用眼睛去笑。虽然眼睛里的笑没有脸上的笑容那样好看，但毕竟是发自内心的，客户也能感受得到。你也可以运用作家李佩甫的中篇小说《学习微笑》中提到的一个方法，即"在一些场合，在一些不想笑而又必须微笑的场合，你就微笑地把嘴张开，露三分之一牙，这样就会带出一些笑意"。

总之，微笑就像三春的阳光，能融化堆积在人们心灵之间的冰雪，改变听众的心情，制造出演讲中的和谐气氛。演讲中，如果你能对听众报以微笑，就会让听众被我们的善意和热情打动，久而久之，他们也会对我们回以微笑。

开场就要达到"观众注意力的最高峰"

开场白，顾名思义，就是一开场所说的话。开场白开得不好就等于白开场。俗话说："好的开始是成功的一半。"所以说开场白非常重要。《TED的演讲秘密》一书中曾经说道："一场演讲有四大关键点，要想做好一场演讲一定要把握好这以下四点：观点、开场白、过渡、结尾。"

对于演说者而言，开场白就是沟通自己和听众之间的第一座桥梁。杰米·奥利佛（Jamie Oliver）的"给予孩童食品教育"（Teach Every Child about Food）曾获2010年TED大奖（TED Prize），他在演讲开场3分钟之内，融合了"惊人之语"和"问

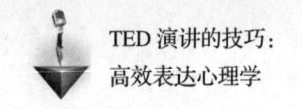

问题"的技巧，成功吸引观众的注意力。

演讲开场白最不易把握，想要三言两语抓住听众的心，并非易事。其原因有二：其一，站在众多人的面前，即使准备充分，也会紧张、怯场，虽然事先准备充分，一时却不知从何说起，这样难免导致整场演讲的失败；其二，虽然演讲者没有怯场，但如果表现平平，没有在一两分钟内"震住"听众，这样的演讲也很难有十分理想的效果。

如果在演讲开始时听众对你的话就不感兴趣，注意力一旦分散，那后面再精彩的言论也会黯然失色。因此，我们只要作出一个匠心独运的开场白，以其新颖、奇趣、敏慧之美，就能给听众留下深刻的印象，并能立即控制场上气氛，在瞬间里集中听众注意力，从而为接下来的演讲内容顺利地搭梯架桥。

的确，演讲开头成败的关键在于能否吸引并集中听众的注意力。演讲时获取听众注意力的方式随题材、听众和场景的不同而改变，一般可以运用事例、轶闻、经历、反诘、引言、幽默等手段达此目的。那么，具体来说，我们怎样使演讲的开场白"精彩"起来呢？

1.奇谈怪论，吸引眼球

演讲与一般的交流沟通不同，那些平庸、普通的语言与观点可能都不能引起听者的兴趣。对此，在演说前，演说者如能做一番准备工作，找出与众不同的论调，那么，必能出奇制胜，造成"此言一出，举座皆惊"的艺术效果，震撼听众，使他们蓦然凝神侧耳细听，思考你的讲话内容，探寻你演讲的原因。

需要注意的是，运用这种方式应掌握分寸，弄不好会变为哗众取宠，故作耸人之语。应结合听众心理、理解层次出奇制胜。再有，不能为了追求怪异而大发谬论、怪论，也不能生硬牵扯，胡乱升华。否则，极易引起听众的反感和厌倦。须知，无论多么新鲜的认识始终是建立在正确的主旨之上的。

2.放下架子，自我解嘲

自嘲就是"开自己的玩笑"。对此，需要演说者在演说过程中放下架子，运用诙谐的语言巧妙地自我介绍，这样会使听众倍感亲切，无形中缩短了与听众间的距离。

营销讲师金克言先生在一次有近千名观众参加的演讲会上开始演讲，可台下只响起了稀稀拉拉的掌声。于是他说："从大家的掌声中可以发现两个问题：第一，大家不认识我；第二，大家对我的长相可能不太满意。"几句话缩短了与听众的距离。台下大笑，掌声一片，反应强烈多了。他接着说："大家的掌声再次证明了我的观点！"话音刚落，台下笑得更厉害了，又是一阵热烈的掌声。这个开场白既活跃了场上气氛，又沟通了演讲者与听众的心理，一箭双雕，堪称一绝。

3.贴切引用

演讲的开头恰到好处地引用大家不太熟悉的格言警句或诗

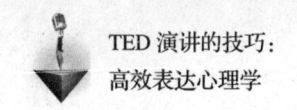

词佳句，再加以解释，从而顺利入题。这样，演讲就会有声势有威力，能迅速抓住听众。

一次，演说家李燕杰去首都一家大医院演讲，开端就朗诵了他创作的一首诗：

每当我忆起那病中的时光，

白衣战士就引起我深情的遐想。

他们那人格的诗，

心灵的美，

还有那圣洁的光，

给了我顽强生活的信心，

增添了我前进的力量！

随着朗诵的进行，看书的人逐渐抬起了头，说话、走动的人也停了下来，当朗诵完最后一个字时，全场掌声大作。

恰到好处的引用，不仅新颖，而且拨动了听众的心弦，说出了他们的心声，所以引起了共鸣。

当然，吸引听众的方式有多种，有的是在开头采用幽默语、形象语、发问语、警句、格言、典故、谚语等以引起听众的兴趣；有的语言朴实无华，但提出的是党和国家的重大问题；有的则充满激情，具有振奋人心的作用。演说者可根据具体的演说主题，设计好一个新颖别致的开场，一开口就抓住听者的"神经"，从而赢得一片掌声！

俗话说，良好的开端是成功的一半。精彩的开场白可以起到创造良好气氛、激发听众兴趣、说明演讲主题的作用。演讲学界曾有人指出:"如果没有一个好的开头,想在整个演说过程中始终做到轻松、巧妙地与听众交流思想是颇为困难的。"

开门见山,快速阐明观点

人们在公共场合讲话、演说,其目的就是能启迪人心、号召听众采取行动,而在开场中,演说者是否能在一开口就吸引听众的注意力,对于接下来能否引导听众接纳自己的观点十分重要。因此,在确定了演说主题之后,我们首先要考虑的就是整个演说的架构如何尽快激发听众的兴趣,以及如何以自己对主题的精深理解去启迪听众随着思路一道共鸣和思索,这些,都关乎演讲的成败。

在众多的开场设计中,有一种直击要害的方式,那就是开门见山式。开宗明义、开门见山,是中国传统的作文法,也符合听众一般的心理要求。有的演讲开头注意使听众具有一定的心理准备,从而与演讲者建立协调和谐的联系。

实际上,受演讲者欢迎的TED会议的宗旨是"用思想的力量来改变世界"。TED演讲的特点也是毫无繁杂冗长的专业讲座,观点响亮,开门见山,种类繁多,看法新颖。每一个TED

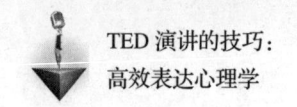

演讲的时间通常都在18分钟以内，因此，直击要害地开场就显得尤为重要了。

接下来，我们来看看尼兰·斯通是怎样打动听众、支持联合国儿童救援行动的：

"但愿我的祈祷能起到作用，希望再也不要有这样恶劣的情况：不知道你是否看到过，一个孩子和死亡之间仅仅就差一个花生，我真的不想再看到了，我不希望自己在事后活在这样悲惨的记忆里。如果一月的一天，在已经被炸弹摧毁的雅典的工人区里，你曾听到他们的声音，再看到他们的眼睛……可是，我只是拿了一罐花生而已，只有半磅，当我吃力地打开这罐花生时，我看到了一群穿着破烂的孩子立即围了上来，他们把灰扑扑的小手伸向我；还有更多的母亲，她们怀抱着婴儿……她们托起婴儿，然后把婴儿朝我举起来，我看到了那一双双只剩下骨头的小手抽搐着。我多想自己有更多的花生，那一刻，我希望所有的花生都能起到作用。"

"他们你推我赶的，我差点都被撞到，我看见举起来的百只手，那是乞求的手、绝望的手，也是瘦小的可怜的手，我看到，这里分一颗花生，那里分一颗花生。数百来只手就那样伸着、向我乞求着，在眼睛里闪烁着的是希望的光芒，但此刻的我太无助了，我拿着那只空罐子……啊，我希望这种情形永远不会发生在你身上。"

听众的时间是宝贵的，他们也是"自私"的，他们只有在感到能从演说中有所收获时才专心去听演说。演说的开头应正面回答听众心中的"我为什么要听"这一问题。而尼兰·斯通在开场中就直接表明了自己的演说目的，因此，他便找到了与听众继续沟通的门道。

那么，我们该如何灵活运用开门见山式的开场方式呢？

1.快速入题

我们欲使听众尽早进入状态，接受自己的言论，就必须重视入题的速度和方式两方面的安排。既要"开门见山，一针见血"，这就是"快"；又要有逻辑上的悬念、起伏和跌宕。

这里，强调入题要快，并不是说所有入题都以"开门见山"这样"直"的方式为佳。其实，有时候入题更需要讲求一定的曲折和委婉，尤其要讲求一点逻辑悬念，才有利于入题的引人入胜。因此，有时候，你不妨在言辞上多下点功夫，以悬念抓住听众心理，引起他们的注意和重视。

2.观点鲜明

我们在选用开门见山这一开场方式时，要观点鲜明。演讲观点鲜明，显示着我们对一种理性认识的肯定，显示着我们对客观事物见解的透彻程度，能给人以可信性和可靠感。演讲稿观点不鲜明，就缺乏说服力，就失去了演讲的作用。

3.感情真挚

我们在开场的时候，演讲言辞就具有真挚的感情，才能打动人、感染人，有鼓动性。因此，它要求在表达上注意感情色

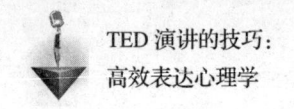

彩，把说理和抒情结合起来。既有冷静的分析，又有热情的鼓动；既有所怒，又有所喜；既有所憎，又有所爱。当然这种深厚动人的感情不应是"挤"出来的，而要发自肺腑，就像泉水喷涌而出。

马丁·路德·金的《我有一个梦想》，为了点明题旨以增强感染力，就反复"描述"了"我梦想有一天"的情景，每一个情景就是一个镜头，连续组成主观与客观相融为一体的连续不断的"画面群"，既强烈地渲染主题，实际上也是一种颇为艺术的点题方法。

4.语言流畅，深刻风趣

我们想把在头脑里构思的一切都写出来或说出来，让人们看得见，听得到，就必须借助语言这个交流思想的工具。因此，语言运用得好还是差，对演讲影响极大。要提高演讲稿的质量，不能不在语言的运用上下一番功夫。

对此，我们不妨运用：

一是使用点出主旨的警句，以起到"余音绕梁"的效果。

在演说开头使用警句，不仅新意盎然，而且颇有深刻寓意，仿佛黄钟轰鸣，余音不绝于耳。

二是艺术地运用熟语，使听众受到感染并乐于接受自己的观点。

熟语，包括成语、民谣之类，通俗易懂，人们耳熟能详。对此，切不可因其为下里巴人而妄加轻视与贬低，相反，熟语很多时候在演讲中也能充当"阳春白雪"的角色。如果演说时,领导干部对此能艺术地加以改造和利用并糅进其他修辞手段加以强化,也有可能赋以新意并铸成警句,从而给人以艺术享受与心灵震动。

总之,我们在演讲的过程中,使用经典的开门见山式的开场方式,能快速阐明观点,影响听众心理,进而将听众带入规定情境和思路中去。

投其所好,依听众的兴趣开始你的演讲

前面针对TED演讲为什么如此受欢迎,我们已经分析过,TED演讲虽然包罗万象、风格各异,但有些地方还是共通的,比如,演讲准备充分,过程连贯流畅,有起承转合;讲听者喜欢听的,投其所好,增加趣味性和互动;内容中有知识含量,技术点尽量讲得通俗易懂,让听者觉得有正面的收获,深奥的东西易被抵触;多使用图片、动画和实物演示。

这里,"投其所好"是我们不得不提到的一项开场技巧,TED的核心就在于分享,同样,我们在准备一次演讲或分享时,也常常会先去思考,"我要跟观众或是客户分享什么",以及"在一个小时的时间内我应该如何去分享"。

对于这一问题,TED的宗旨在于"给予",正如TED演讲

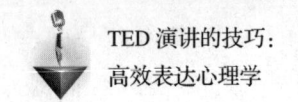

大师所说的："最重要的一点是，我出场的目的是给予。我经常在上台之前大声告诉自己，'今天你来到这里是为了分享你的观点。'不管什么时候做演讲，我从不带着从任何人身上获取些什么的想法，如生意、赞许、卖书、Twitter上更多的粉丝，或Facebook上更多的赞。我出场是为了分享我所知道的东西。如果观众喜欢，他们就会鼓掌。对我来说，这也是检验自己所给予的东西对观众是否重要的最佳方法。"

对于投其所好，康威尔博士很擅长使用这一方法，每次他到某个地方，他都会在演讲中加入一些当地人经常谈及的东西和他们都了解的事，这样，听众就会对他的话感兴趣，因为他的演说内容与他们自己有关。这样做的作用是能将听众的注意力牢牢抓住，从而保证沟通顺利进行。

埃里克·休斯顿是前美国商会会长，现为电影协会会长，他几乎在自己的每一场演说中都运用了这一技巧，接下来，我们看看他在俄克拉荷马州立大学的毕业典礼上是怎样机智地使用这个方法的：

"各位在座的俄克拉荷马人，我想对于各位来说，对于那些危言耸听的贩子将俄克拉荷马列于书本之外这一情况绝不陌生，因为他们认为它永远是绝望的冒险。还在20世纪30年代的时候，不少'乌鸦们'都对这一肥沃的地方望而却步，并且，他们还争相告诉其他的'乌鸦们'，你最好别去俄克拉荷马，除非你自带干粮。"

第04章
打开心理闸门，如何一开口就抓住听众的注意力

"在他们看来，俄克拉荷马是新美洲沙漠永远不会改变的一个部分，他们曾说：'在这里，你永远看不到盛开的鲜花。'但是就在1940年的时候，俄克拉荷马却嫣然成了一片绿意盎然的花园，百老汇的歌手们也都会兴致勃勃地唱起'当雨后风儿吹来，便有小麦波浪起伏、散放清香'。我敢说，再过十年，在这个总被干旱吞噬的地带，带给我们视觉冲击的是一眼望不到头的玉米秆。"

"这一切都是信仰给予我们的，也是敢于冒险的收获……"

"因此，我要说的是，我们在看待事物时，要往前看，看到更美好的远景，而不应该停留在昨天的背景中。当我准备访问这里的时候，我在档案里寻找《俄克拉荷马日报》，我想看看50年前，也就是1901年的春天，这里的生活是怎样的，你们猜我发现了什么？噢，我发现了它描述的全是俄克拉荷马的未来，他们把重心都放在明日的希望上啦。"

你可能也发现，依据听众所关注的问题和兴趣来演说，是一个极好的方法。埃里克这里说的这一事例，其实是来自听众在后院的谈话，他这样说，会让听众感觉到他的演说并不是从文件中拷贝出来的，而是真心为他们特地准备的，只要你也能懂得从听众的兴趣来说，就能抓住听众的注意力。

在演说前，你可以先问问自己：你的讲演能够帮助听众解决什么样的问题，怎样达到他们的目标？然后开始讲给他们听，就会获得他们的全神贯注。如果你的职业是一名会计师，

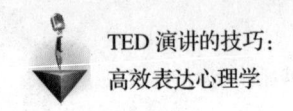

那么,开场时你就可以表明这一点:"我现在就教大家如何立遗嘱",然后,就有一些观众对你的话题产生兴趣。其实,在每个人的知识积累中,总有某个方面能打动听众。

诺斯格里夫爵士是英国的报业大亨,他曾被问及到如何激发听众的兴趣,他给了短短的四个字答案:"听众自己。"实际上,正是因为抓着这一核心问题,他才成为了报业大亨。

那么,什么是兴趣呢?对此,《思想的来源》的作者詹姆士·哈维·罗宾逊在他的书中给予了解释:"兴趣是一种来自自然且最被恩宠的思想。"接着,他书中还写道:"兴趣让我们的意识自循其道,而且这个'道'完全由我们的恐惧和期望来决定,由我们的本能和欲望是否能实现来决定,且由我们的七情六欲来决定。"正如一位心理学家在谈到人性问题的时候说:"他们追求的是自己的升官发财之道,追求的是如何让自己活得更长一点,而并不在乎我们的铁路是否能收归国有,如果我是这本杂志的总编,我就会教读者怎样求职、怎样提升技能、怎样在夏天降温、怎样保养我们的口腔、如何购买房子、怎样提升的记忆能力等。"

当你面对听众时,你可以假想一下,他们很希望听到你的演讲,只要它能对他们有用。作为演说者,如果你只考虑自己内心的想法和思想倾向,那么,你的听众就会慢慢变得烦躁不安,表现得不耐烦、看手表,甚至会离开。

第04章
打开心理闸门,如何一开口就抓住听众的注意力

故事式开头法抓住听众的注意力

可能很多人都明白,文章开头最难写。同样道理,演讲的开场白也最不易把握。演讲学界曾有人指出:如果没有一个好的开头,想在整个演说过程中始终做到轻松、巧妙地与听众交流思想是颇为困难的。一个有演讲经验和演讲学识的演讲家,通常都非常重视演讲开头的设计。我们演讲开头成败的关键在于能否吸引并集中听众的注意力。因此,开场白只有做到匠心独运,发挥其新颖、奇趣、敏慧之美,才能给听众留下深刻印象,才能立即控制场上气氛,在瞬间集中听众的注意力,从而为接下来的演讲内容顺利地搭梯架桥。可以说,演讲开头是演讲者向听众出示的第一个同时也是最重要的信号,我们若能以故事开场,便能抓住听众的注意力,引发他们听的兴趣和积极性。

理查·圣约翰在TED的6分钟快讲中,以《谈成功的8个秘诀》为题,用"个人的小故事"做了开场。

"这一演讲原本是两个小时,为高中生准备的,但现在我精简成了3分钟,一切都得从我搭机来参加TED那天说起。事情发生在七年前,我的座位旁边是一名高中生。她告诉我,她们家很拮据,但是她很有志向,希望做出一番事业,所以就问了我一个简单的问题:怎样才能成功?我感觉好糟糕,因为我说不出个好答案。最后我下了飞机,到了TED会场。突然想

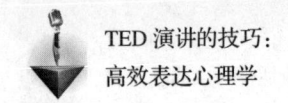

到，老天，这个地方满是成功的人！为什么不问问他们成功的秘诀，然后再告诉孩子们呢？经过7年500次访谈后，我将告诉大家真正的成功之道，并以成功的TED讲者（TED-ster）为例子。"

其实，对于生活中的我们来说，当众演讲和编写杂志具有类似的地方，我们必须要承认的是，讲故事更能吸引听众的注意。

《畅达的写作艺术》一书的作者鲁多夫·富利奇曾在这本书某一章的开篇就写道："只有故事才能真正畅达可读。"接下来，他又用《时代》杂志与《读者文摘》来作为例子。他说："在这两份雄踞畅销排行榜首位的杂志里，你绝对找不到一篇文章不是纯粹的记叙，你也找不到一篇没有登载趣闻轶事的文章。"

诺曼·文森·皮尔牧师曾经就是通过电视机和收音机来讲道的，并且，他被无数的人接受了。他也曾说，他在演说中最爱举例，以实例来支持自己的论点，一次，在被《演讲季刊》采访时，他说："我知道的最好的方法之一就是讲那些真实的例子，这样能让你的观点鲜明而清晰，也更有说服力。一般来说，为了证明一个论点，我会同时使用好几个例证。"

用形象的语言讲述一个故事作为开场白会引起听众的莫大兴趣。可供使用的故事一般有两类：幽默的故事和一般的故事。具体来说，我们可以这样操作：

第04章
打开心理闸门，如何一开口就抓住听众的注意力

1.谈你自己的故事

任何一位一流报纸杂志的作者都会记住这样一句座右铭：从你故事的中间开始，便能立即抓住听众的注意力。

接下来是一些精彩的开场白，相信这些开场都有一种魔力，能在一开始就能抓住你的眼球：

"去年7月的一天，当我高速行驶于42号公路时……"

"2000年6月的夏天，我发现自己躺在医院的病床上。"

"昨天早饭时，我太太和往常一样做早餐……"

"那时，我正在湖中央钓鱼，我听见鸣笛声，抬起头，就看到了一艘快艇正朝我快速开来。"

"我办公室的门突然打开了，我们的领班查理·范闯了进来。"

在开场白中就说清楚了时间、地点、事件和事情发生的原因，这虽然是一种古老的方式，但却是吸引听众注意力的一种很好的方式。对于孩子们来说，"从前"是一个"魔力词"，因为"从前"后面经常伴随的就是一个很有趣的故事，所以一听到这一词语，孩子们想象力的闸门就被打开了。采用这相同的趣味方式，你也能一开口就抓住听众的思想。

2.幽默的故事

心理学家凯瑟琳告诉我们："如果你能使一个人对你有好感，那么，也就可能使你周围的每一个人，甚至是全世界的人，都对你有好感。只要你不是到处和人握手，而是以你的友

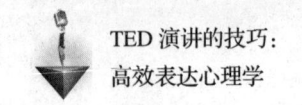

善、机智、风趣去传播你的信息，那么空间距离就会消失。"幽默能一下子拉近人与人之间的感情距离。

但演讲中使用幽默的故事一定要注意，讲话者需有幽默的禀赋，切不可平淡、呆板。

3.一般的故事

这一类故事，可以是现实生活中的逸闻趣事，也可以是中外历史上有影响的事件。无论使用哪一类故事，都应注意使它和自己的谈话内容相衔接。

1962年，82岁高龄的麦克阿瑟回到母校——西点军校。里边的每一样东西，都令他眷恋不已，浮想联翩，仿佛又回到了青春时光。在授勋仪式上，他即席发表演讲，他这样开的头："今天早上，我走出旅馆的时候，看门人问道：'将军，你上哪儿去？'一听说我要到西点时，他说：'那可是个不错的地方，您从前去过吗？'"这个故事情节极为简单，叙述也很平淡，朴实无华，但饱含的感情却是深沉的、丰富的。既说明了西点军校在人们心中非同寻常的地位，从而唤起听众强烈的自豪感，也表达了麦克阿瑟对母校的那种深深的眷恋之情。

接着，麦克阿瑟不露痕迹地过渡到"责任—荣誉—国家"这个主题上来，水到渠成，自然妥帖。

总之，演讲开头是演讲者向听众出示的第一个同时也是最重要的信号，我们若能以故事开场，便能抓住听众的注意力，引发他们听的兴趣和积极性。

第04章
打开心理闸门，如何一开口就抓住听众的注意力

演讲制造悬念，听者更为入迷

如果你参加过演讲，你可能有这样的感触：一上台就开始正正经经地演讲，会给人生硬突兀的感觉，让听众难以接受。而如果能在开场时卖卖关子，则能迅速吸引听者的注意力。这就是演讲过程中的悬念。演讲中的悬念是指听众的一种心理活动，这种心理的产生基础是听众对某种事物的认识有个大略的了解，但现在向他传达的则是已经变化的事物，他们对此产生了关心的情绪，甚至把探究的想法急切地表达出来。

可以说，任何一个TED演讲高手都懂得在开场上下功夫，尤其是设置悬念，其中就有史蒂夫·乔布斯。史蒂夫·乔布斯是调动观众情绪的高手，他的每一次演讲，都好比百老汇的演出般精彩。在他的演讲中，没有冰冷的大道理和反复的数据，也没有千篇一律的产品介绍，而是鲜活的人物、道具，还有欢呼时刻，让你觉得物超所值。

就让我们不得不提乔布斯精彩的演说技巧。比如：

1984年，麦金塔电脑问世，这一产品的出现，不仅对于苹果公司是一个创世纪的开始，更是颠覆了过去传统的电脑应用方式。

乔布斯将麦金塔电脑带到了美国德安扎学院弗林特中心，也就是麦金塔电脑的发布会。与会的有苹果公司2500多位员工、分析师和媒体人，乔布斯进行了16分钟的演讲，演讲结

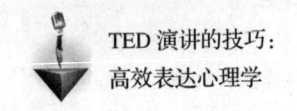

束，在座的观众精神为之一振。

一般来说，任何一家公司发布新产品，必定先介绍产品的价格和上市时间，但是乔布斯却一反常态——他先描述这一款电脑的功能和特点，并展示了相关图片，他说："所有这些功能都集中在相当于IBM（国际商用机器公司）生产的个人电脑的1/3大小的盒子里。""图片你们已经看到了，接下来我要展示真正的麦金塔电脑，你们接下来看到的所有图片都出自它。"

然后，乔布斯缓缓走到讲台中间，从随身携带的帆布包里拿出了一台电脑，他一句话也没说，全场也一片哑然，在拿电脑的这一过程中，他故意放慢速度，然后手伸进口袋取出一个软盘，小心翼翼地把它插入电脑，然后走开。这时，灯光暗了下来，电影《烈火战车》的主题曲响起，一系列图片出现在屏幕上，都是些从未在个人电脑中出现过的字体和图像。

观众的精神为之一振，台下传来一片掌声和欢呼声。

演讲结束了吗？当然没有！接下来，他不动声色地又创造了一个又一个欢呼时刻——"让麦金塔电脑自己说话"。只听麦金塔电脑用数字化的声音说："大家好，我是麦金塔电脑。终于可以从包里走出来，这种感觉简直太美好，但我还不习惯公共演讲。现在，我想跟大家分享的是我第一次见到IBM电脑主机时的感想：不要相信一台你提不动的电脑。"

很快，YouTube上这一视频的点击量疯狂上涨，已超过300万次，乔布斯的发布会之所以如此成功，就是因为他的开场白

第 04 章
打开心理闸门，如何一开口就抓住听众的注意力

达到了独特并且出人意料的效果，并充分调动起观众的情绪，给现场观众以及观看这个视频的几百万观众留下了难以磨灭的印象。

无独有偶，在2007年iPhone的发布会上，乔布斯再次给观众了带来了情绪激昂的一刻。

乔布斯在这次演讲中告诉观众，苹果公司推出了三款新产品："第一款是能够靠触摸操作的大屏幕iPod；第二款是革命性的移动电话；第三款是突破性的网络通信设备。"然后他重复了一遍，"iPod，移动电话，网络通信设备。现在，请问大家听清楚了吗？这不是三个不同的设备，而是一个设备，我们叫它'iPhone'"。那一刻，观众席传来阵阵掌声和欢呼声。

从乔布斯的演说技巧中，我们发现，要创造欢呼时刻，不需要多么大的排场，或者多么精致的道具。有时，只要创造性地改变一下措辞，就能让观众大声欢呼。

TED演讲之所以如此受欢迎，重要原因就是它在演讲形式上的不拘一格，尤其是在开场时制造悬念，能打开成功演讲之门的金钥匙，这种心理活动的过程，如果能被我们在演讲时恰当利用，就会使听众产生一种听完后所得的愉悦感，真切理解演讲者的意图。

制造悬念的开场白已经特别能够吸引听众的注意。所以，每一个预备当众演说的人，都应该学习立刻抓住听众兴趣的技巧！你可以像下面这样开头：

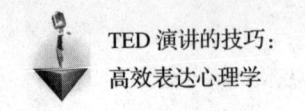

1.即景生情法

演说者演讲时，不妨以眼前人、事、物、景为话题并加以引申，把听众的注意力不知不觉地引入演讲之中。当然，这个话题最好能生动有趣。这样即兴发挥，能给人耳目一新的感觉。

当然，即景生题不是故意绕圈子，不能离题万里、漫无边际地东拉西扯，否则会冲淡主题，也使听众感到倦怠和不耐烦。演讲者必须心中有数，还应注意点染的内容必须与主题互相辉映，浑然一体、恰到好处地过渡。

2.对比设疑法

演说开场时，你可以用强烈的反差和对比来引出自己的题目，以期在人心目中留下深刻的印记。这主要指以对比、对照和映衬之类的修辞手法，来引领和导入自己的话题。

的确，人们都有好奇的天性，一旦有了疑虑，非要探明究竟不可。在开场白中制造悬念，能激发听众的强烈兴趣和好奇心，在适当的时候解开悬念，使听众的好奇心得到满足，也使演讲前后照应，浑然一体。

第05章

巧设结构：在起承转合间让听众心随你动

我们都知道，任何一个人，在建造房屋前，如果他是理智的，他绝不会在毫无准备的情况下就动手，同样，演讲也是如此，任何一个成功的TED演说者，都是设计演说结构的高手，他们绝不墨守成规，他们总是能抓住听众的兴趣，总是能在演说开始就引爆全场，而在演说结束时依然能让演讲余音绕梁、三日不绝，让听众欢呼。那么，如何设计演讲结构呢？这需要我们花点心思，接下来，我们进行细细分析。

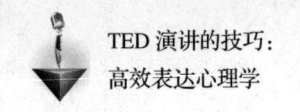

全局把握,高屋建瓴地制定打动听众的心理策略

我们都知道,任何一栋建筑,在被建造之前,都必须要打地基,否则,即便建造得再高,根基也不稳,随时都有可能顷刻间坍塌。同样,演讲中,我们在目的没有明确、没做足准备的情况下也不要妄想开口。

我们要把任何一场演讲都看成是有目的的旅程,我们必须事先绘好行程的图表。一个人随便从某处开始,通常也就终止于某处了。

卡耐基一直想把拿破仑曾经说过的一句话:"战争是门科学,未经计划、思考,休想成功。"漆成浅红色的,然后挂在课堂的门口。

其实,这一道理同样能放置到演讲中来。然而,我们发现,一些人尤其是那些初学演讲的人总是花很少的时间去进行演讲前的规划,因为规划需要花费我们的时间和精力去准备、思考,也需要我们的意志力,思考毕竟是一个不怎么快乐的过程。发明大王爱迪生曾把雷诺德爵士的一段名言放到了他工厂的墙壁上:"成功之道,唯有用心思考,别无捷径。"

那么,怎样的安排才是最好和最有效的呢?我们在没有对其进行分析和研究之前是无法给出定论的。它永远是个新问题，是需要每个演讲人进行深层次探索和追寻的问题，我们不能给出规则性的答案，但无论如何，我们要知道，只有从听众的心理角度考虑，才能制定出有效用演讲策略。

事实上，这一点早已被TED演说大师们驾轻就熟地运用了，很多TED演讲者认为："你首先要想到的是为听众带来什么，把握听众的心理需求，才能打动听众。"事实上，这与TED的宗旨——传播最新的知识、理念、技能等是不谋而合的。所以，我们可以说，无论是何种形式的演讲，其实都是没有多大难度的，我们也完全有时间在讲话前进行统筹构思，只要我们能够镇静一点，从容一些，充分地发挥一下个人的聪明才智，就一定能够取得很好的说话效果，也能够得到别人的支持和赞扬。

日本著名的政治家田中义一是出色的社交高手，无论什么样的社交场合，与什么样的人打交道，他都能够和他们打成一片。因为他懂得利用人们的亲近心理，来营造温馨的环境，取得比较完美的交际效果。

有一次，他到北海进行政治考察，前来接待他的人有很多，一到北海，他就拉住一个衣着考究举止文雅的中年男子的手，紧紧地握着，十分热情而又诚恳地说："感谢您在百忙之中能够抽空来到这里，太感谢您了。请问，令尊大人还好吗？"那个人对此激动得说不出话来。亲切的话语，热烈的表情，让在场的很多人误以为二人是结识多年的至交好友。

对他的秘书表现感到不解,忍不住问道:"那个中年男人是谁啊?我怎么从来没有见过?"田中义一的回答让所有人都感到非常意外:"我也是第一次见到他,当然不知道他是谁了。"秘书更加不解了:"那您为什么还亲热地问起他的父亲?"田中义一意味深长地说:"谁都是有父亲的。"

这则故事中,田中义一是怎样建造认同感的?他利用了人们的共同心理,打出了亲情牌,这就是一种高屋建瓴的说话策略。

语言大师林语堂有"语言的艺术"一说,意思就是,语言不是一般的工具,使用起来不同于其他工具。俗话说:"锦于心而秀于口。"我们说话并非单纯的口舌之技,而是一种高度复杂的脑力劳动过程。严格地遵循一套公式,循规蹈矩,就会失去固有的灵活性,让人感到索然寡味,从而丧失了继续听下去的兴趣。我们应该学会在较短的时间内对不同的场合应付自如。这就要求我们开动脑筋,懂得把握讲话局面,从而提升自己的讲话水平。

另外,口才训练大师卡耐基强调:"一个人的成功,只有15%归功于他的专业知识,还有85%归功于他表达思想、领导他人及唤起他人热情的能力,即其驾驭语言的口语表达能力。"一个演说高手必定要有较高的思维能力。事实上,也只有那些具备较高的思想水平和政策水平的人,才能在自己讲话时从全局和事物发展的大势上把握问题、思考问题和解决问题，自然，他们也能够以自己的领导魅力征服听众。

因此，我们应在演讲之前准备好演讲的主体思路和大纲，然后根据自己的语言、思路来发挥，这样才能更好地打动听众。

戏剧化地开展演说内容，更容易起到震慑人心的效果

生活中，如果你有演说经历，可能你也会发现，很多情况下，如果我们直接向听众表达我们的想法，听众未必能接受，此时，我们不妨换个角度、戏剧性地展现我们的想法，以达到曲径通幽的目的。事实上，我们生活的这个年代，何尝又不是戏剧化的呢？很多时候，仅仅用语言未必能恰当地表明我们的意见，此时，我们可以运用表演的艺术来使之更加生动、有趣和戏剧化。

我们熟悉的TED演讲之所以场场开局就引爆听众的热情，其中重要的原因之一就是因为TED演讲大师们善于运用戏剧性的开场方式，一开始就抓住了听众的注意力。比如，他们开始会展示一些有趣的东西，使用一些表演技巧，这样能让观众感到兴奋，接下来再向观众介绍一些必要的背景。一旦奠定了基础，演讲便可顺利有效地达到高潮。比如，微软创始人、亿万富翁比尔·盖茨曾经在TED大会上的表现。

演讲开始时，他沉默不语，然后拿出一个玻璃罐，才缓缓

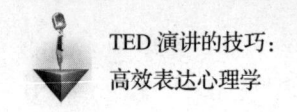

说道:"众所周知,马来热通过蚊子传播,今天,我就带了一些蚊子来,因为我认为,只有穷人感染马来热是不公平的。"听到这句话,四座皆惊。

盖茨成功引爆了现场的气氛,稍后,他才告诉听众,现场出现的并不是疟蚊。他只是通过这种方式来让大家对这一问题引起重视,这一演讲一共才持续了18分钟,但在随后的很长一段时间,盖茨的这一演讲都成为办公大楼中茶余饭后的谈资。

大会过后,盖茨和他的妻子梅琳达在抗击亚非国家的马来热这一问题。在这些地区,每年新增的马来热病例高达5亿个。

其实,这个放蚊子的环节,就是我们演说中常见的"噱头",成功引起了听众的兴趣和注意力,也博得了掌声。

当然,我们并不是说,在演讲场合,就要带一瓶蚊子,而是说,演讲前要想想你的演讲内容,确定最重要的论点,并选择一种新奇、令人难忘的传达方式。有时,为了加深观众的印象,你需要让他们大吃一惊。

不过,用这种惊人的开头还是要注意一些问题,那就是最好别太过戏剧化,进而弄巧成拙了。据说,曾经在国外,有个人居然在演讲前真的对天空放了一枪,他确实获得了注意,但是听众也被吓得不轻。

让演讲更戏剧化,我们可以从语言和演讲结构两方面安排:

1.结构的戏剧化——设置悬念

有一次,陶行知先生在武汉大学演讲。他走上讲台,不慌不忙地从箱子里拿出一只大公鸡。台下的听众全愣住了。陶先生又从容不迫地掏出一把米放在桌上，然后按住公鸡的头，强迫它吃米，可是大公鸡只叫不吃。他又掰开公鸡的嘴，把米硬往公鸡嘴里塞。大公鸡拼命挣扎，还是不肯吃。最后陶先生轻轻地松开手，把公鸡放在桌子上，自己向后退了几步，大公鸡自己就吃起米来了。全场鸦雀无声，听众的胃口被吊了起来。这时陶先生则开始了演讲：

"我认为，教育就跟喂鸡一样。先生强迫学生去学习，把知识硬灌给他，他是不情愿学的。即使学也食而不化，过不了多久，他还是会把知识还给先生的。但是如果让他自由地学习，充分发挥他的主观能动性，那效果一定会好得多！"

这时，全场掌声雷动，听众不禁为陶先生精彩形象的演讲开场白叫好。

陶行知在这次演讲中，就是以展示物品开头的。他通过展示一只大公鸡，为观众设置了悬念，从而吸引了观众的注意力。

2.语言戏剧化——采用对话的演讲形式

假如你在演讲中，要说明你是怎样通过自己高超的口才技艺，巧妙地平息了一位客户的愤怒，你多半情况下会这样说：

"前几天，我当时正在办公室，一位顾客突然闯了进来，他满脸愤怒，因为上周我们的销售员送过去的洗衣机现在在操作上出了点问题，我告诉他，我们的售后人员会尽快帮助他解决问

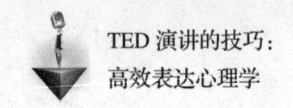

题,他慢慢平息了愤怒,心情开始平静下来,对于我处理此事的态度表示很满意。"这样叙述一件事倒也没错,而且很详尽,但却少了姓名、此事的过程,最为重要的一点是,少了能让整个事件鲜活起来的对话。我们不妨对这件事的叙事方式修改一下:

"就在上个星期二,我在办公室,突然,我办公室的门被人打开了,我一抬起头,就看到怒气冲天的查尔斯·柏烈克珊。他是我们公司的一位老客户了,我还没来得及跟他寒暄一番,他就劈头盖脸地说:'艾德,在我发火之前,你最好尽快派辆卡车去,把那台洗衣机给我从地下室运走。'

"我想问问到底怎么回事,他几乎不想回答了,只是在那生气。然后他气呼呼地说:'那台破洗衣机根本不管用,丢进去的衣服全部纠缠在一起了,现在我的老婆快烦死它了。'

"我告诉他先坐下,然后慢慢解释。

"他的回答是:'我哪有时间坐,我马上就要上班吃早饭了,我想我以后大概再也不会在你这里买什么家电了。'他一边说,还一边愤怒地打桌子。

"'请听我说,查理,你坐下来把事情慢慢告诉我,我保证,我会做你要求我做的任何一件事。'听到我这样说,他的心情才算慢慢平静下来。"

当然,这并不是要求我们每次都在演讲中穿插对话,但就上例而言,我们能看出,如果演讲者运用对话的话,演讲将变得更有戏剧性。而且,如果采用我们日常生活中的对话,那么，整个演讲就更为真实可信了，它能让你看起来更像个有真情实意的人，是在与听众谈话，而不是像一个满腹经纶的学者在宣读自己的论文，或者是朝着台下的观众灌输思想。

当然，戏剧性地演讲，不能故弄玄虚，这一方法既不能频频使用，也不能悬而不解。在适当的时候应解开悬念，使听众的好奇心得到满足，而且也使前后内容互相照应，结构浑然一体。

总之，演讲中，我们要想让自己的想法影响到听众，首先不要直接表达自己的意图，而是要学会曲径通幽、戏剧性地表达，这能帮助我们很快达到自己的目的。

营造氛围，让听众产生继续听下去的欲望

我们都知道，任何一场演讲都由三个构成因素：演讲者、演讲内容和听众，缺一不可，演讲者也只有把自己的演讲与听众联系起来以后，一场演讲才算是真的完成了。

我们都知道，我们要做一场成功的演讲，就要在演讲前做足准备工作，并且要演讲者热爱自己的题目，要有真诚的态度，但要想演讲成功，就还要把听众的因素考虑进去，就是要让听众觉得你所说的很重要，光我们自己有热情还不够，一定要让听众感受到我们的热情，并且也变得有热情。为此，演讲中，我们要善于巧妙铺垫、营造氛围，以此带动听众的热情。

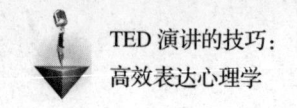

曾经参加过TED演说的维什诺在谈到自己的演说经历时说："我脑子里想的一个关键问题是，如何营造出一种氛围，让在家中观看视频的用户仿佛是坐在大会中的最佳座位上聆听演讲一样，如何通过灯光或摄像机角度为观众提供身临其境的感觉。因此，首先我要做的就是将房间内的摄像机数量提高一倍。"

无独有偶，曾在TED大会上发表演讲的神经解剖学家吉尔博士可谓让我们大开眼界——开场后一分钟时，吉尔博士就让助手带上来一个真正的人脑，上面还连着一条17英寸长的脊髓。现场在座的听众无不作呕，但细心的人会发现，即便人们表现出了强烈的不安，但同时也被深深地吸引了，接下来，他们想一看究竟——吉尔博士到底玩的什么花样。

生活中的演说者们，如果我们也能像吉尔博士的演讲一样有趣，那么，学生学习的效率和记忆效果一定更好。

在演讲中，如果我们能让听众产生强烈的情绪反应，听众自然会投入演讲中，且更容易记住演讲内容。接下来，我们再来看看下面的案例：

在一次欢迎加拿大贵宾的宴会上，加拿大总理特鲁多致辞说：

"昨天的我观赏了香山枫叶，使我想起了我们国家美丽的秋天。那枫叶也是我国秋天的美景，大家知道，枫叶还是加拿大国旗上的图案。我请大家尝尝宴会上的糖果，它是从枫叶上提炼出来的，是不是和北京东风市场上的果脯一样甜蜜。"

第05章
巧设结构：在起承转合间让听众心随你动

这样的讲话开头典雅、优美，尤其注意到以两国相通的事物来沟通演讲者和听众的情感，具有沁人心脾的最佳效果。

的确，听众是演讲活动不可缺少的重要方面。演讲是演讲者与听众的双向交流活动。演讲者是信息的传播者，听众是信息的接受者。演讲者离开了听众就失去了对象，演讲活动就无法进行。可见，成功的演讲者既要使演讲成为听众的一部分，也要使听众成为他的演讲的一部分，而其中首要的，便是要了解和掌握听众的心理特点。

可见，营造良好的演讲氛围，可以带动听众的积极性并能够很好地发挥演讲技巧。演讲中的"营造气氛"，指的是，让听众跟随你的意志走，只有从主题出发，结合现场的具体情景，针对听众此时此刻的心态和情绪，灵活地调动各种语言手段才能达到如此效果！

这里讲的"气氛"，就是要带动听众的情绪，和听众达到一种情感的共鸣。这里的气氛，可以是活泼的，可以是热烈的，也可以是庄严的……那么怎样营造这种氛围呢？

1.打破常规，标新立异

人都是有好奇心的，如果在演讲中加入一些能满足人们好奇心的因素，那么，势必能营造出良好的演讲氛围。为此，你需要做到打破常规，标新立异。但前提是你需要尊重文化传统和思维习惯。

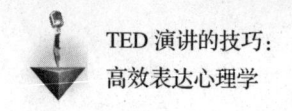

2.酝酿浓厚情感，以情动人

曾经有名希望工程的发起者，到北京某贵族学校演讲。还没等他开讲，台下这帮养尊处优的孩子们便叽叽喳喳地响成一片，乱成一锅粥。

此时，他见情形不妙，便大声喊了几句，但这种方法似乎根本不见效，于是，他叫来一个在现场的老师，将电闸关掉，礼堂便突然漆黑一片，随之也安静了下来。

这时候，这位发起者啪地一声打开了幻灯机，银幕上顿时出现了那张有名的"大眼睛"照片。这些孩子们顿时也睁大了眼睛，看着幻灯片上的照片。

"同学们，你们家里有没有照相机啊？"发起者此时突然提问道。

"有！"下面齐声回答。

"你们会不会照相？"

"会！"

这时，发起者便指着下面的一位同学问："请你说说看，照相有什么样的意义？"

"留着做个纪念呀。"

"好！作为留念——那就请大家看看，老师给这些山里孩子们拍的留念照片吧！"

然后，他每放映一张照片，就介绍一个有关失学儿童的故事。

在这里，这位演讲者，就是利用讲述照片来历的故事，既抓住了同学们的注意力，又营造出一种与演讲内容相适应的肃然气氛，使同学们很快进入"规定情景"之中，激发了他们对贫困学生的关注和同情心。

当然，以情动人除了要求说话人自己要动真情之外，还要求说话人善于将自己的真情实感淋漓尽致地充分表达出来，迅速激起对方的共鸣。说话人必须善于体察对方的心境，用饱含浓情的言辞去拨动对方的心弦。

3.给听众看一场"秀"，营造出亲切可信的气氛

在生活中，我们经常会看到一些减肥产品的宣传者会当众说："眼前站在你们面前的这个美女，她才45千克，但你们知道吗，她曾经是个重达65千克的'圆球'！假若有人想要减肥的话，同样一定办得到的。相信你们也一定能行！"

此话一出，听众肯定会翘首以待听他的"减肥真经"。可见，有时候，演讲的真正含义，并不完全在于"讲"，还在于"演"，如果能给听众一场秀，与听众互动，就会给听众以亲切、真实、可信之感，这样调动起听众的热情，自然就增强了演讲的感染力。

总之，如果听众对演讲内容有极大兴趣，便会采取积极、热情的合作态度；反之，则会采取冷漠甚至敌视的态度，演讲就不会成功。因此，演讲者必须在了解听众的基础上力求触发听众的兴奋点和创造欲，才能实现最终目的。而成功的演说者

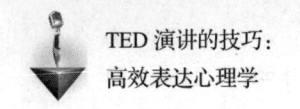

在演说前往往都会进行一番铺垫，与听众互动，以营造让听众乐于倾听的氛围。

有始有终，演讲结尾更要给听众强烈的印象

根据心理学上的首应效应，人们都了解开场白在演讲中的重要性，但似乎很少有人愿意在演讲结尾上雕琢更多。他们仅仅是轻描淡写地草草收场，结果可想而知：费尽口舌发表的长篇大论很快就被人们遗忘。要想使人记忆深刻，你的结尾必须像开场一样气势磅礴，掷地有声。演讲的结束语应该简洁有力。只有这样，才能做到首尾呼应。

俗语说得好："编筐编篓，重在收口。"演讲收尾部分往往是点睛之笔，既是收尾，又是高峰；既水到渠成，又戛然而止；既铿锵有力，又余音袅袅；既别开生面不落俗套，又来得自然，能给人以强烈的印象。

TED演讲大师们一致认为，在演讲中，最好做到"讲故事"和"讲道理"合二为一，演讲者可以将自己要表达的主题集中在一个故事上，演讲者在台上声情并茂地讲述，并在结尾处揭示核心观点。

事实上，TED很多成功的演讲，都在结尾处画龙点睛、警醒听众。

第05章
巧设结构：在起承转合间让听众心随你动

在TED演讲台上，奈杰·马许在《怎样达到工作和生活的平衡》演讲中，用了一句特别的话结尾，并未说"谢谢"。

"现在，我想说的是，小事才重要。"

他要告诉观众，要想做到更平衡，不表示你的生活要产生剧变。只要花最小的投资，用在适当的地方，你就可以彻底转变你工作与生活的关系与生活的质量。并且，可以改变社会，社会是人组成的，如果大家都这么做，就能改变社会，帮助人们摆脱一个观念：死的时候拥有最多钱的人才是赢家；对于我们究竟应该过着什么样的人生，做出一个更深刻和更平衡的界定。

可见，恰到好处的结尾时机能够留给听众深刻的印象，其实要结束一次演说并不那么简单，也有艺术在其中。具体来说，我们可以从以下几种方式来结束讲话：

1.总结演讲的中心内容和思想

人们演讲，总是有一定的主题，演讲者在进行了一段慷慨激昂的陈词之后，可以用极其精练的语言，简明扼要地对自己阐述的思想和观点作一个高度概括性的总结，以起到突出中心、强化主题、首尾呼应、画龙点睛的作用。

如演讲稿《永照华夏的太阳》的结尾：

我们是从哥白尼日心说中认识太阳的，我们又是从历史的迁徙中认识中国共产党的。八十年过去了，八十年斗转星移，日月变迁。太阳的辐射仍依托马列主义的热核放出它巨大的能

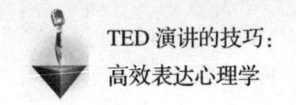

量，从而去凝聚着属于它普照的民族和人民。月亮离不开地球，地球离不开太阳，人民离不开党。祖国的未来，中华的腾飞，需要中国共产党的领导，党就是永照华夏的太阳，也就是我们心中的太阳。

这个结尾高屋建瓴，总揽全篇巧妙地从自然界的太阳到华夏儿女心中的太阳的对比中，总结归纳了"地球离不开太阳，人民离不开党"的结论。字里行间流露出对太阳的希望与向往，对共产党的歌颂与赞扬，给听众留下了深刻的印象。

2.简洁而真诚的赞扬

俗话说："良言一句三冬暖。"在演讲结尾进行诚挚的赞颂，无形之中就充满了情感和力量，极容易拨响听众的感情之弦，引起听众的共鸣。

3.含蓄幽默的结尾

用含蓄、幽默的言辞或动作作为演讲的结尾，意思虽未直接表露，但富有趣味，发人深省，听众在欢声笑语中禁不住要去思考、领会演讲者含而未露的深刻用意。

我们可以说一个演讲者能在结束时赢得笑声，不仅是自己演讲技巧十分成熟的表现，更能给本人和听众双方都留下愉快美好的回忆，也是演讲圆满结束的标志。

4.留下疑问，以引起思考

在演讲结尾时，演讲者向听众提出问题，甚至是一系列的问题，让听众进行思考。这样的结尾方式优点在于能更好地让观众参与到演讲中来,而且让人深入思考,做到以境感人。

1971年,智利作家巴勃罗·聂鲁达在题为《通向光辉之城》的诺贝尔文学奖受奖演说中提出,文学公开的推动力量在于提高诗人与公众联系的责任感,并承担社会进步变革的责任。这位智利获奖者用一个警句"诗是不会徒然吟唱的"结束了他的演讲。这样结尾既充满哲理,又给人鼓舞。

演讲者使用这种收尾方式突出重点时,应当注意,演说的目的重在鼓舞人心,而不是危言耸听。

5.请求听众采取行动

在希望获得听众行动的讲演中,当你说到最后几句、演讲时间已到时,就要立即开口提出要求,比如,要听众去参加社会募捐、选举、购买、抵制等其他任何希望他们去做的事,当然,这也需要遵从几点原则:

(1)提出的要求要明确

别说:"请帮助红十字会。"这是含糊不清的请求,而应该说:"今晚就请寄出入会费一美元给本市史密斯街125号的美国红十字会吧。"

(2)要求听众做能力之内的反应

别说:"让我们投票反对'酒鬼'。"这不可能办得到,眼下我们并未对"酒鬼"进行投票。不过,你却可以请求听众参加戒酒会,或捐助为禁酒而努力的组织。

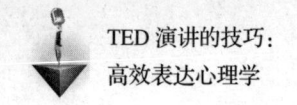

(3)尽量使听众容易根据请求而行动

不要对你的听众说:"请写信给你的参议员投票反对这项法案。"绝对部分的听众是不会这么做的,原因多种多样,要么是他们不会有如此强烈的兴趣,要么是他们觉得麻烦,要么是他们根本就不记得。因此,你的请求要让听众听起来觉得简单易行才可以。怎么做呢?自己写封信给参议员,然后在上面附上:"我们联名敦请您投票反对第74321号法案。"然后再把你的信和铅笔在听众之间传递,这样你或许会获得许多人签名——当然,最后可能你的笔也找不到了。

总之,演讲中,我们一定不能虎头蛇尾,最好做到首尾呼应,这样,不仅照应了文章的开头,还升华了演说的主题。

第 06 章

学习 TED 演讲大师的几种心理技巧，提升你的演说效果

我们都知道，语言是人与人之间沟通的主要媒介，而演讲的关键，也在于语言的运用方式，我们若希望演讲达到好的表达效果、产生影响力，需要我们从"心"出发，通过了解听众的内心世界来表达，进而影响听众的心理，而其实，如果我们能掌握一些心理技巧，是能增强这种影响力的。那么，这些秘密武器有什么呢，本章将为你揭开谜底。

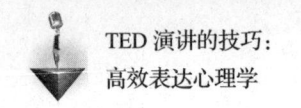

语调抑扬顿挫，有张力的语言才能抓住听众耳朵

古希腊哲学家苏格拉底说："请开口说话，我才能看清你。"人的声音是个性的表达，声音来自人体内在，是一种内在的剖白，因此，你的声音中可以透露出畏惧、犹豫和缺乏自信，也可以透露出喜悦、果断和热情。我们说话的声音，必须和音乐一样，只有渗进人们心中，才能达到让别人信服的目的。事实上，一个人说话时给人的印象，肢体动作占55%，语调占38%，内容只占7%。所以，说话时语调非常重要。对于说服力要求高的演讲，语调更应该引起演讲者的重视。

莱拉·博罗迪西曾在TED大会上发表过一篇题目为《语言如何塑造了我们的思维方式》的演讲，在演讲中，他说："我要用语言跟各位说话……因为我可以。这是人类的神奇能力之一，我们能把非常复杂的想法传送给另一个人。我现在在做的，是用我的嘴巴发出声音，吐气时发声。我会做出语调、嘶嘶声、呼气，在空气中产生空气振动。那些空气振动会传到你那里，触及你的耳膜。接着你的大脑会取得耳膜接收到的振动，把它们转换为思想。"

从他的这句话中，我们可以看到，语言的组成部分有很多，其中就有语调，人们常说，语调是语言表达的第二张"王牌"，口语表达的重要手段，它能很好地辅助语言表情达意。什么是语调？语调，就是说话的腔调。从严格定义上说，语调应表述为整句话和整句话中某个语言片断在语音上的抑扬顿挫，包括全句或句中某一声音片断的高低变化，说话的快慢（即音的长短和停顿）及轻重等。在演讲中，语调往往比语义能传递更多的信息，能对听众的心理产生极其微妙的特殊作用，因此也更为重要。

如果演讲者的语调从头到尾都是平的，听众就会觉得很枯燥。就像听歌，如果一首歌曲的旋律非常优美，抑扬顿挫，大家就会觉得好听；如果从头到尾都是一个调子，人们就没有听的兴趣了。演讲也是如此，如果你的语调一直都像毫无波动的心电图一样，那么听众的兴趣也就到了尽头。

在波兰，有位被人称为摩契斯卡夫人的女明星。

有一次，她到美国参加演出，台下的观众热情高涨，希望她可以用波兰语讲台词，面对观众如此诚挚的邀请，她不好推辞，便开始用"流畅"的波兰语念出台词。虽然观众们根本听不懂波兰语，却集中精神地听，也听得很愉快。

摩契斯卡夫人接着往下念，随着台词中情节的变化，她的语调也随之变化，一会儿低沉，一会儿慷慨激昂，最后在悲怆万分时戛然而止。顿时，台下的观众鸦雀无声，同她一起沉浸在悲伤之中。而这时，台下传来一个男人的笑声，他就是摩契斯卡夫人的丈夫——波兰的摩契斯卡伯爵，因为他的夫人刚刚

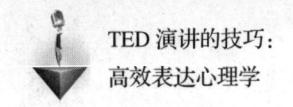

用波兰语背诵的是九九乘法表!

　　从这个故事中我们可以看到，语调竟然有如此魅力。如果我们能巧妙地利用语调，即使听众不明白你演说的具体含义，也可以使其感动，甚至可以完全控制对方的情绪。

　　对于演讲者，只有把你的话说到听众心中，才能产生良好的演讲效果。同样一句话，由于语调轻重、高低长短、语气急缓等的不同变化，在不同的语境里可以表达出各种不同的思想感情，一般来讲，表达坚定、果敢、豪迈、愤怒的思想感情，语气急骤，声音较重；表达幸福、温暖、体贴、欣慰的思想感情，语气舒缓，声音较轻；表示优雅、庄重、满足，语调前后弱中间强。只有这样，才能绘声绘色，传情达意。

　　一个高明的演讲者，是能准确把握各种语调的变化，并能巧妙地加以运用的。我们在演讲时，如果只是抓住了字词的表面意义，那么只是用"借来的字词"在传达而已，并不能起到感染听众的作用，为此，我们应该把这些字词的意义充分地表达出来，并且加上对它们的爱，这样的表达才是完整的，我们的感情才能充分地表露出来。那么，怎样才能使语调生动有趣呢?

　　1.掌握富有特色的各种句调

　　一句话之所以能富有表现力，是因为它富于变化——高低不同，快慢不一。而声音的高低取决于声带的松紧，声带拉紧，声音就变高；声带放松，声音就变低。声带的松紧是可以控制的，因此，声音的高低也是可以改变的。为此，便有了句

调的概念，一句话声音的高低变化叫作句调。句调是语调中主要的内容，句调可分升调、降调、曲调、平调四种。升、降、曲、平四调，各具特色。只有掌握了句调的特点，才能灵活地表达出各种句调。

因此，我们演讲时，要使我们的话如同音乐一样动听，就要注意快慢高低。比如，在表示有疑问的时候，你可以稍微提高句尾的声音；要强调的时候，声音的起伏可以更大些；要表现强烈的感情时，可以把调子降低或逐渐提高。

2.让你的语调抑扬顿挫

语调越多样化，越生动活泼，其吸引力就越大。分寸感是语调正确的首要条件。每句话都可以用不同的语调来说，但不同的语调给对方的信息刺激也是不同的。这一点，我们在演讲过程中也要尤为注意，比如，同样一句话，由于语调不一，就可能给人不同的理解，文明语言可能揭示不尊敬对方的信息；相反，有些不礼貌的语言却可以被非常亲近的人所接受。

总之，演讲时，绝对不要使你的语气单调，因为音阶的变化会加强你的说服力。你的热情会在音阶的变化中展现，并且能够感染听者，从而产生说服的力量！

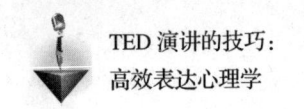

适时沉默，让你的言辞变得更加金贵

任何沟通都是双向的。赢得人心需要一个好口才，但决不可卖弄口才。有些人总希望用出色的口才让听众产生信任感，却忽略了一点，那就是，人们通常会以为那些巧舌如簧、太能说的人是不值得信任的。因而，即使在演讲中，你也需要偶尔沉默。

事实上，这一点早已被TED大会中的演说者们熟练运用。比如，前面我们提及乔布斯的演说技巧，在苹果的发布会上，无论是产品演示，还是性能推介，他都运用了一段时间的沉默，吊足了听众的胃口。关于这一点，心理学上有一现象叫作"空白效应"，指的是故意设点悬念、吊一吊胃口，给他人留下想象的空间，更能激发人的好奇心和求知欲，让大脑变得活跃起来。而"满堂灌"、全盘告知后，人们不仅容易产生心理疲劳，大脑的创造性思维还可能受到压制。有句老话"此处无声胜有声"，演讲中，你如果想要自己的言辞更加金贵并让自己说话时产生强大气场的话，不妨也做到适时沉默。

我们来看下面的案例：

某家公司的保险库被盗，公司丢失了很多财物，报案后，警方很快立案侦查，经调查，警察将目光锁定在了保管员杰克的身上，就传讯了他。

审讯员问："听人说，你是一名电脑高手，根据我们的调

第06章
学习TED演讲大师的几种心理技巧，提升你的演说效果

查分析，盗保险库的作案者也是一名电脑高手。这名犯罪分子很狡猾，他先入侵了公司的保安系统，让其瘫痪再作案，你对此有什么看法吗？"

杰克回答说："我不会回答这个问题，因为我和这件事毫无关系。"

审讯员继续追问："既然你是一名电脑高手，却为什么甘心做毫无前途可言的保管员呢？"

杰克回答说："这是我自己的事情，不犯法吧？"

审讯员只好无奈退出，由老探员乔恩来审讯。

乔恩保持沉默，只是死死地盯住杰克。杰克慌了神，说："你有什么要审问的，只管问好了，别在这里浪费时间。"

乔恩依然不说话，还是一直盯着杰克。很快，乔恩承受不了了，眼珠乱动，浑身打战。乔恩抓住时机怒喝一声："老实交代，你究竟把那些物品藏到哪里了？"

"这个，这个……"结结巴巴的杰克慌了神，最后，不得不主动交代了一切。

在很多人的印象中，一般都认为说服别人需要有较好的口才，能够用语言攻势打败对方，让对方折服。其实，这种方式未必有效，在适当的时候采取沉默战术，往往能够起到更好的表达效果。同样，演讲中，我们也要善于运用停顿的力量，以此增加演说戏剧性的效果。

一次，有位老师朗读课文《孔乙己》，当他读完最后一句

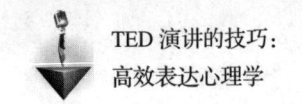

"大约孔乙己的确死了",全班学生肃然,课堂顿时沉寂——他们沉浸在思考中。这是孔乙己的悲剧引起了他们的思考。这位教师维持着这种"课堂空白",并不急于讲课,而是让学生继续自己去咀嚼、体味文章的内涵。两三分钟后,一个学生长吁了一声,课堂又活跃起来了。这位老师马上抓住时机提问:"孔乙己这个人似乎很可笑,但你读完之后,笑得出来吗?有什么感想?"学生们异口同声地回答:"即使笑,也是沉闷压抑的。""孔乙己既可怜又可气。""好!"这位老师感到很满意,因为他并没有讲解,但是学生正确理解了教材的意图。

在课堂上,老师适时沉默,让课堂教学取得了良好的效果。演说中,我们传达观点,不妨也适时沉默,也许事半功倍,比如设个悬念,让人不得不跟着你"穷追不舍";给他人提意见时,说个引子就打住,让对方自己反省,可能印象更加深刻。

可见,演说不是日常沟通,不可滔滔不绝、没有节制地闲聊,而应该掌握说话的度,尤其是在关键地方,不妨适时沉默,吊足听众胃口,会让听众产生一探究竟的欲望。

也就是说,在演说中,留"空白"是一门艺术,不是一件简单、随意的事。

那么,我们该怎么留空白、适时沉默呢?

1.要掌握火候

也就是说,沉默要把握时机。比如,尽量在听众心存疑念、渴望得到答案时候沉默，这样，能很好地起到吊胃口的作用。

2.要精心设计

我们要学会找到"引"与"发"的必然联系，当问题产生后，可以对听众适当点拨，使对方有联想。然后以"发问""激题"等方式的诱因激起听众的思维，让其自己获悉答案，以此填补思维空白点，获取预期的效果。

总之，适当沉默是带动听众情绪的无声"武器"，它会让你在演讲的过程中畅通无阻！正如一位哲人所言：沉默是金，说话是银。如果你能把沉默这"金"和说话这"银"打造成合金，那么你将无往而不胜，无坚不可摧。

想要赢得听众，就不要表现得高高在上

在一切讲演者和听众之间的关系中，真诚是不可或缺的基本要素。生活中的你，若不希望听众敌视你，就不要表现得高高在上。因为当你站在演讲台上，你的一切都会被听众看清楚，你若稍微有一点自夸，就注定会被听众讨厌；而如果你信心稍微有点不足，也会让事情变得很糟糕。所以，你应该表现出来的是谦虚谨慎但又不患得患失。

心理学家表明：任何人都渴望被尊重，希望能被别人重视，只有受到了精神上的认可，他们才会去尊重你，去认可

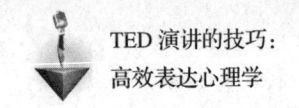

你。人与人之间彼此需要才能更好地生存。因此，在职场中，在和同事的相处中，言语要谦逊一些，把尊重和爱送给同事，他们才会喜欢你。

事实上，任何一个参加TED大会的人，无不在某一领域内表现出色，但即便如此，也没有人表现得高高在上，大会注重的是知识信息的分享与传播，而不是观点的灌输。

基于这一点，致力于提升演说能力的我们，在演讲中，也要语言谦逊，不要表现出不可一世的样子。

埃德蒙曾任缅因州的参议员，他曾经在波士顿的美国辩论协会上发表了演说，在这次演说中，他让听众领略到了什么叫真正的谦虚。

他说："今天早上，我踟蹰不定，不知道自己该不该受邀参加这次演说，我的顾虑很多，其一，今天在座的各位都是业内精英，所以我担忧自己要班门弄斧，让各位见笑了；其二，现在是早上的时间，此时，大家的反应不比中午和晚上灵敏，所以，如果我出了什么纰漏，这对于从政的我来说，可不是个好现象；其三，今天我要说的主题是'人民公仆的影响力'。只要我还从政一天，我的选民对于这一问题的看法就千差万别，所以我感到忧虑，不知道现在如何说起……"

秉持着这种谦逊的态度做演讲，埃德蒙在此次演说中获得了巨大的成功。

无独有偶，艾德莱·史蒂文森曾经参加密歇根州立大学毕业

第06章
学习TED演讲大师的几种心理技巧，提升你的演说效果

典礼并作了致辞演说，也是十分谦逊，我们来看看他的开场白：

"面对如此盛大的毕业典礼，我感觉很荣幸，却又心有余而力不足，这让我想起了萨姆尔·巴特勒曾经被问及如何善待人生的问题，他的回答是：'接下来的15分钟我可都不知道怎么善待呢？'而我比他的情况更严重，接下来的20分钟，我也不知道怎么办呢！"

对于任何一名听众来说，他们最为厌恶的就是站在高处的演说者，你站在高高的演讲台上，就好像是被放在商店里的高档商品，你的任何一个细枝末节的动作都在听众的眼里展露无遗，所以，只要你稍微有点做得不到位的地方，就会让听众反感，相反，如果你能保持你谦逊的态度，反而能获得更多听众的支持。

当然，你也不必畏首畏尾，只需要让观众认为你虽然"天资有限"但是会努力做好演说，他们不但不会真的认为你愚笨，反而会尊敬你，对你更友好。

美国的电视新闻行业竞争十分激烈，大家都希望能获得好的收视率，为此，大家都身心疲惫。然而，有一个人——埃德蒙·苏黎温却总是能稳居第一宝座，他不但是电视界的专家，还是新闻界的记者，他之所以有如此优秀的成绩，就是因为他并不是将自己限制在优秀者行列，而是认为自己本就是个业余的，正因如此，他面对名头才会显得十分自然，要是别人，可能决不允许留下任何一点的瑕疵，而越是这种高标准的要求，

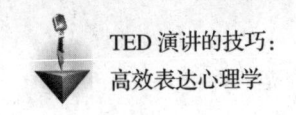

越是无法表现得自然。

他在主持节目的时候,喜欢做一些让自己身体舒服的动作,比如用手托着下颌、耸肩、拉拉领带等,这些看起来很自然,尽管也有人为此批评他,但是他不以为然。几乎每三个月,他都要主持一次超级模仿秀,那些顶尖的高手会把他当成模仿的对象,他还乐于接受批评,这一点正是观众喜欢他的表现。要知道,谁都喜欢谦逊低调的人,而讨厌那些自大狂。

在亨利和丹那·托马斯合作撰写的《现代宗教领袖传》中,他们这样评论中国的孔子:"他从不会用别人无法触及的知识在别人面前炫耀,而只是凭借他的宽厚之一,去启迪大众的智慧。"同样,在公共演说中,如果我们也能有这样包容的胸怀,那么,也能开启听众心灵之门。

为此,在公共场合发表演说,你不妨记住以下几点:

1.说话时态度不妨诚恳一些

每个人都有心理戒备,尤其在没有确定对方的友善之前,这时候如果你太过高调,往往堵住了和别人建立平等互信的关系的大门。因此,在演讲中,你说话不妨诚恳一些,口气缓和些,语调温柔些,不要引起别人心里的抵触和对抗,这样才能换来别人的欣赏和喜欢。

2.不要轻易卖弄自己的才华

作为演讲者,你要明白,也许你学历高,技术强,但你也只是在传达一种观点,不代表你优越于别人,另外,从听众的角度看,因为在某些方面他们无法与你比肩,更可能会形成抵触心理。对于这些人来说,你说话的时候千万不要卖弄你的才华,否则你就是大家眼里的眼中钉、肉中刺了。

3.尊重每一位听众

每个人的理解能力不一样,你的话也许有的人能听懂,有的人无法理解,这就要求我们在和他们互动的时候不要戴有色眼镜,要坦诚地去面对每一个人,赢得他们的尊重和欣赏。否则,你在大家的眼里便不会有好口碑。

心理学家研究表明:每个人内心都有一种被需要、被尊重的渴望。这样才能满足内心中被认可、被肯定的需要。你需要别人、尊重别人,别人才会同样地需要你、尊重你。这是建立和谐人际关系的前提和基础。在演讲过程中,言谈要尽量表现得谦逊一些,不管你有多优秀,都要牢记这一点。

运用赞美,拉近与听众的心理距离

在我们的现实生活中,每个人都喜欢听赞美的话,这是对我们自身价值的最大肯定,可以说,这是一种人的天性,是一种正常的心理需要。有人说,赞扬是一小笔投资,只需片刻的思索和时间就能得到意想不到的报酬。这话有些道理。学会赞

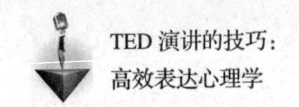

美他人，有助于缩短人与人之间的距离，以达到交往的目的，提高交往的效果。因为，从心理学的角度来说，在这大千世界中，每个人都很渴望别人的赞美。人的一生中，需要自我定位、自我欣赏、自我发现，更需要他人的肯定、鼓励和真诚的赞美。人际交往中，如果我们能说出令对方悦耳的赞美之言，必定能让对方打开心扉。

同样，演讲中，我们也可以运用赞美的方法来拉近与听众的心理距离，进而让听众易于接纳我们。因为听众也是由单个的人组成的，所以也是有弱点的，人们都爱听赞美的话，谁也无法拒绝赞美，但前提必须是真诚的赞美，如果你毫无来由地对听众献殷勤，说一些肉麻的话，比如"各位是我曾面对过的最有智慧的听众"，也会被大多数的听众厌恶。

大演讲家姜西·M.德普曾说过一句话："演讲者要告诉听众一些他们没想到你也会知道的事。"

印尼前总统苏加诺有一次访问中国，在青年们专门为他举行的欢迎会上，他用了独特的赞美赢得了青年们的爱戴。他说："今天，能够和大家见面，我觉得很幸福。因为你们年轻，是民族的希望。印度有很多神话，其中说到一棵神树，叫作'愿望之树'，谁要是站到神树下说出愿望，愿望就能立即实现。假如我现在站到这棵神树下，我要说：'我希望恢复我的青春。'"顿时，会场掀起了一阵高潮。

苏加诺想要赞美青年们，他没有说他们多么热情，没有说他们多么的有朝气，而是通过一个神话来表达自己的愿望，从中抒发了对青春的向往，巧妙地赞美了他们年轻、有希望，从而赢得了青年们的喜欢和尊敬。心理学研究发现，人们的行为受着动机的支配，而动机又是随着人们的心理需要而产生。人们的心理需要一旦得到满足，便会成为其积极向上的原动力。

社会心理学家认为，受人赞扬，被人尊重能使人感受到生活的动力和做人的价值。赞扬能释放一个人身上的能量，调动一个人的积极性。世界上没有一个人不喜欢被人称赞，用使人悦服的方法赞美人，是博得人们好感的好方法。卢梭说："贤人哲士是绝对不追求运气的，然而对赞誉和激励却不能无动于衷。"在日常交往中，人人都需要赞美，人人也喜欢被赞美。真诚的赞美不但会使被赞美者产生心理上的愉悦，还可以促进人际关系的和谐。

当然，演讲中，我们向听众表达赞美的时候，一定是要百分之百发自内心的，如果你的赞赏是缺乏诚意的，也许你可以欺骗一个人或者几个人，但绝对欺骗不了听众，别一味地说"我爱你们""你们是最智慧的听众""这是一场美女和侠士的特别盛宴"等，如果你说不出真诚的赞美的话，还是一点也别表示为好。

我们在赞美听众的时候，需要注意：

1.带着微笑赞美

人们总是愿意与那些热情、开朗的人打交道，一个善于微

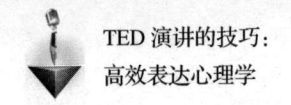

笑的人，总是让人感觉到亲切、和蔼，也总是能给别人留下良好的第一印象。

2.态度真诚

无论你赞美的对象是一个人，还是一群人，真诚都是第一条原则。虚伪和做作是苍白无力的，惟有真诚地赞美才会春风拂面。虚情假意的赞美，往往会被人认为是讽刺挖苦或者是溜须拍马，会让人感到恶心，被他人鄙视。俗话说："心诚则灵。"要赞美听众，首先自己要做个有心人、细心人和热心人，了解被赞美对象的思想、生活、工作和学习情况，发现他们每一个细小的优点或长处，并进行及时的赞美，切忌虚情假意。

真诚的赞美来自内心深处，是心灵的感应，是对被赞美者的羡慕和钦佩，能使对方受到感染、发出共鸣的关键。

3.时刻关注听众的动态，找出听众某方面的进步和成就

演讲中，刚开始就说满口的好话，必定是空穴来风，一些美言也显得无厘头，这是因为你并没有关注对方的动态。谁都希望自己被关心，如果你在了解清楚情况后再赞美，会显得真诚很多，比如你可以说："我最近一直在关注你的微博，你又开了一家店啊？真是了不起，才二十几岁就开了三家甜品店了，我可真是惭愧啊！"这样说，很明显比直接赞扬对方"你真是很有成就"要好得多。

4.破除固定思维，赞美之言尽量"对事不对人"

例如，你的某位听众是一位其貌不扬的男士，你却偏要对

他说:"你真是帅极了。"对方立刻就会认定你所说的是虚伪至极的违心之言。但如果你着眼于他的服饰、谈吐、举止,发现他这些方面的出众之处并真诚地赞美,对方一定会高兴地接受。

不得不说,生活中,一些人在赞美他人时常犯一个错误,就是见了什么都说好,见了谁都说好。这样泛泛的赞扬会让人觉得赞扬者漫不经心,不会让受赞扬的人感觉到真正的快乐。从细节上赞美会显得更真实,也会更有力、有效。

总之,在学习赞美这门学问时,你要明白的是,"赞美"的实质是能把赞美的话说到对方心里去。而这,首先需要你具备一双慧眼,要找到赞美的细微处,善于发现对方的长处,并赞美他人的长处。而赞美公众更需要用心,不是简单地夸赞他人几句就能起到良好的效果,只有真诚、适度的赞扬才会使人心情舒畅,否则就会使人感到难堪、反感或觉得你在拍马屁。

谈谈自己的私事,拉近和听众的心理距离

现实生活中,我们发现,人们似乎都有几个可以互诉衷肠的知心朋友,人与人之间为什么会由陌生人到朋友?因为情感的共鸣!同样,在演讲中,我们要想得到听众的配合,也应该在和听众拉近心理距离这一问题上做努力。

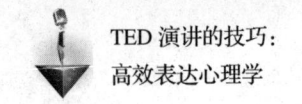

从心理学的角度看，人际关系的疏近，是与其交谈的话题有一定关系的，关系越密切，所谈话题越个人化、私密化。而交谈之初，交往双方往往是互存芥蒂之心的，而这对于整个交流无疑也是毫无益处的，此时，如果我们能主动跨出交往的第一步，向对方透露自己的一些私事，那么便能给对方一个心理暗示：我们之间关系很好，你可以向我倾诉你的心事。

对于演讲这一人类沟通的高级形式来说，我们需要明白的是，并不是隐藏得越深越好，在演讲中偶尔说点自己的私事，是能帮助我们拉近和听众的心理距离的。尤其是对于一些地位悬殊的双方，如果你能袒露一点私事，能让你看起来更普通，你也向大家传递了一个信息：你很信任他们，你是一个平易近人的人，因为它表示着你也是普通人而已。

例如，西蒙斯发现当顾客第一次遇到她时，总会想当然地认为她的主要目标就是销售她的书或者是咨询课程。因此，她会讲述一个自己的故事：她父亲曾经是一名社工，从小就希望她能够帮助他人，父亲还认为她应该去读法学，但她下决心做自己的事，选择移民到澳大利亚。

这个故事有双重强调的好处，一方面说明她没有在特权环境中成长，因此她的背景和顾客是非常相似的；另一方面，她有时也会做一些愚蠢的决定。例如，不去法学院而移民去澳大利亚就是一个相当不平常的做法。通过这些故事她改变了顾客对她的看法，更加接近了顾客。

第06章
学习TED演讲大师的几种心理技巧,提升你的演说效果

人们都喜欢与自己有共同爱好、兴趣的人交往,而对于那些与自己"志不同道不合"的人,则会退避三舍。有位总统向小朋友们透露出了自己小时候的一些"秘密":"我的品德课不怎么好,因为我特别爱讲话,经常干扰别人学习。老师当然要批评我的。"这让他们感到,原来总统也和自己一样,不是十全十美的人,他们从而愿意和总统交流。此时,即使场外的大人们看到这样的对话场面,也会感到总统是一个亲切的人。

可见,只有能带动听众热情的演说才是成功的演说。在演讲中,和听众拉近关系的方法有很多种,其中就包括诉说自己的私事,这样更容易获得听众信任。相反,那些"趋于完美""毫无瑕疵"的完美主义者,似乎总是"曲高和寡",并没有多少人愿意亲近他们。

不少演讲者虽然优秀,但不可爱,会让人产生一种敬畏和猜疑心理。因为那些表现得十分完美的人,人们往往敬而远之;相反,适度表达"秘密"和缺陷,可以赢得听众关注。

具体来说,我们可以做到:

1.适度谈谈自己曾经的糗事

比如,你可以偶尔提及自己曾经失败的事,比谈自己成功的事,更易拉近彼此间的距离。因为老是炫耀自己成功的光荣事迹,容易让听众产生反感,而留下不好的印象。相反,谈及失败的事,我们就避免了故意犯错,因为首先在态度上我们已经示弱并表示了友好,听众没有不接受的道理。

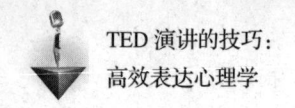

暴露自己，要达到让对方产生如"这个人有点小缺点，但是其他方面挑不出毛病来，是个相当不错的人！"类似的想法这一效果，然后对于你的演讲观点，也就更容易接受了。

2.分享在生活中的趣事

比如，你可以拿买东西被骗、语言上的失误等此类的笑话来和对方分享一下，因为这些生活中的趣事，人们一般都爱听，在你谈论此类趣事时，可能对方也遇到过，你们之间就找到了共同话题。另外，拿自己开涮，更体现出你的随和、平易近人。

3."暴露自己"，也不能"暴露无遗"

提倡"自我暴露"，并不是让你把自己的"老底"都揭给听众看或者"暴露无遗"。我们不妨选择暴露那些不会影响到整体形象的"小事件""小缺点""小毛病"等，正因为这些小瑕疵的存在，我们会显得更真实、可爱。

总之，学会以上这些暴露自己的小技巧，会更容易打动听众，获得他们的认可。

第 07 章

修饰演讲语言，像 TED 演讲那样深入人心地表达

我们都知道，演讲说到底是"讲"的艺术，但我们若要达到出口不凡的效果，就必须掌握说话的技巧，说要说到听众的心里，才能起到应有的效果。而说话的技巧往往注意和看重修辞格的运用，修辞手法的巧妙运用，能够增加语言表达的艺术效果，使得干涩的语言和抽象的道理更生动、形象、鲜活，使听众印象更深刻，也更愿意接受你的讲话内容。

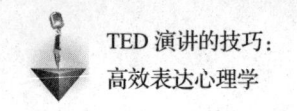

借用比喻让演讲语言形象生动起来

中国是一个语言文化知识底蕴丰厚的国家,自古以来,人们就善于将平淡无奇或晦涩难懂的语言经过修饰后变得形象生动或易于理解等。然而,不少有过演讲经历的人都抱怨:"这年头,说话难,在众人面前说话更难!"的确,那些不会说话的人,通常在演讲的时候,语言干涩无味,让人听之昏昏欲睡,更没有继续交谈的欲望。而如果我们能巧妙运用比喻的修辞手法的话,就能立刻让你的表达炫丽起来,也能焕发起听众的精神。

曾经因参加《美国偶像》第九季而红遍美国的蒂姆·厄班也在TED演讲中发表了演说,题目为《你有拖延症吗》。这一演讲中,他就运用了非常诙谐的语言以及贴切的比喻为我们进行了剖析,让在座的听众和视频观看者深受启发。

的确,在语言表达中,比喻的效果不言而喻。比喻不但能够让语言表达更加生动,绘声绘色,也能通过恰到好处的关联,触发人们之前积累的经验和知识,由此一来,人们此前的知识与经验,就与现在即将掌握的知识之间,有了一个最好的关联通道。例如,"她就像是刚刚离开水面的鱼,不停地扑腾"。在这句话里,我们无从得知她的样子,但是我们曾经看到过鱼在离开水之后不停挣扎的模样，因而，我们在读了这句话之后，就很直观地想象到她的样子。要想恰到好处地运用打比方的方法说服他人，我们就必须丰富自己的知识和经验，并且找到未知和已知之间的准确关联，这样才能极大限度地提高打比方的效率。当我们能够灵活运用打比方的方法演讲时，我们的语言就会更加幽默，表达也会更加和谐融洽。

那么，什么是比喻修辞呢？

著名文学理论家乔纳森·卡勒给出定义：比喻是认知的一种基本方式，通过把一种事物看成另一种事物而认识了它。也就是说找到甲事物和乙事物的共同点，发现甲事物暗含在乙事物身上不为人所熟知的特征，而对甲事物有一个不同于往常的重新认识。

例如，在莫里哀的喜剧《太太学堂》里，阿南解释人为什么"吃醋"，为什么生气，阿南说："我给你打个比喻，你就清楚了。你端着一碗汤，来了一个饿鬼，要喝掉你那碗汤，你想，女人确实就是男人的汤。一个男的看见别人有时候想尝尝他的汤呀，马上就大发雷霆。"

佛说法，经常妙用比喻。佛教有《百喻经》传世，可见比喻在语言中的运用。我们先来看下面一个演讲故事：

小王在一家建材公司工作，他来公司不到一年，就已经升职为采购主管。在公司的年会上，他被同事们推举到讲台上讲授工作经验。

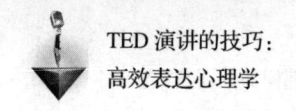

小王明白，这种场合下，开口必须特别，才能博得满堂彩。于是，他说："今天我们已经算幸运的了，可以在这个豪华的酒店里享用美酒美食，而平时呢，我们的情况是：出门是兔子，办事是孙子，回来是骆驼。"

在场的所有同事听完后，哈哈大笑。

很明显，我们发现，故事中的小王在演讲时之所以能博得同事们一笑，是因为他那句颇有意蕴的比喻句："出门是兔子，办事是孙子，回来是骆驼。""兔子"是指出门为了抢时间赶车或赶船跑得快；"孙子"是指为了买到所需货物不惜请客送礼，低头哈腰地向人家求情；"骆驼"是指回来的时候不仅要办好货物托运还要给老婆孩子买东西，负载很重。他用形象的比喻说明采购工作是个吃苦受累的活儿，让同事们产生了共鸣。

那么，在演讲过程中，我们该怎样运用比喻这一修辞手法呢？

1.要充分发挥我们的想象力

张爱玲的《红玫瑰与白玫瑰》中有这样一句话：

"娶了红玫瑰，久而久之，红玫瑰就变成了墙上的一抹蚊子血，白玫瑰还是'床前明月光'；娶了白玫瑰，白玫瑰就是衣服上的一粒饭渣子，红的还是心口上的一颗朱砂痣。"

这里，"红玫瑰"与"白玫瑰"之间的不同，通过这一巧妙的比喻，就显而易见了。但没有异乎寻常的想象力，是无法获得这一表达效果的。

第07章
修饰演讲语言，像TED演讲那样深入人心地表达

的确，我们在演讲时的语言之所以会平淡无奇，是因为我们束缚了自己的思维。而假如我们能在语言的训练中，转换角度分析，比如可以从意义方面入手，也可以从形式方面入手；可以着眼于词语，也可以着眼于句式。这样，我们会发现，同样一句话就会呈现完全不同的表达效果。比如，演讲中，我们原本想赞美某个听众年轻美丽，通常会说："您皮肤真好……"但如果我们转换一种说法："我终于知道为什么人们会有'剥了壳的鸡蛋'这一说法了，原本还以为是夸张呢，今天算是见识到了。"这里运用的就是比喻的修辞手法，这样表达，更显得动听。当然，我们表达之前，最好作一番铺垫，否则会显得唐突。

2.灵活运用，随机应变

生活中，有些人个性害羞内向，在公共场合不敢开口，更别说灵活运用语言的艺术。一句话在普通的场合和演讲场合所产生的效果是不同的，如果不能妥善运用，随机应变，仍然无法发挥出比喻修辞的妙处。

另外，我们运用比喻这一修辞时，需要注意的是：

（1）喻体必须要使受方清楚，一般要常见、易懂

但在演讲中要会顺手牵羊或顺势而为，能及时从对方的信息中及时把握机会，创造突如其来、具有想象爆发力的比喻。

（2）比喻要贴切

必须对喻体和本体的共同点作认真的分析概括。

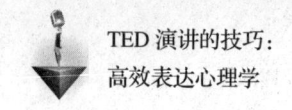

(3）比喻要注意思想感情

感情色彩不得体，语言表达就失去了光彩。

我们在表达的时候，若能正确运用比喻的修辞手法，一句干涩的语言就会顿时形象、生动起来！

总而言之，演说中，一本正经固然很好，但是未必每个话题都适合严肃地交谈。我们唯有更好地运用心理学知识，并且最大限度地发挥语言的魅力，才能打动听众于无形，并且让他人心甘情愿、高高兴兴地接受你的观点、意见或者主张。

先设问再回答，卖卖关子抓住人心

相信任何一个参加过演讲的人都明白，平铺直叙的演讲语言、正正经经的演讲，只会让听众觉得生硬突兀，甚至难以接受，而如果我们能在说话时故意卖卖关子，那么，就能抓住听众的注意力。在修辞手法中，先提出问题再回答，就叫作设问。

设问就是明知故问，自问自答。正确地运用设问，能引人注意，启发思考；有助于层次分明，结构紧凑；可以更好地阐述人物的思想活动；突出某些内容，使语言起波澜，有变化。

一位刑警队长向群众报告捕获盗匪的经过，他开始就说："盗匪们真的都有组织吗？是的，他们大都是有组织的，但是他们怎样组织的呢……"

第 07 章
修饰演讲语言，像 TED 演讲那样深入人心地表达

这位刑警队长所用的开场白，就是先告诉听众一个事实，引起听众的好奇心，使听众有兴趣听下去，希望听一听盗匪组织的真实内幕。

对于这一点，TED 演讲大师们称，在演讲开头或者遭遇冷场时，都可以提出设问共同思考，以调动听众的参与性和热情。曾有一篇题目为《学习第二语言会给大脑带来怎样的益处》的 TED 演讲视频，演讲者这样开篇：

你会西班牙语吗？你会讲法语吗？你会说中文吗？如果你能回答"si""oui"或者"是的"，而且看这个视频用的是英文原声，那么你就可能跟世界上大多数人一样，具备双语能力或是多语能力。除了旅游时比较方便、看电影不需要字幕这些好处之外，掌握两到三种以上的语言，意味着你的大脑在结构上或运作上与你那些只会一种语言的朋友有着明显的不同。所以"掌握一门语言"到底意味着什么呢？

开头以三种语言进行设问，引出本文的讨论对象：学习双语有什么好处？此种方法新颖有趣。

我们再来看下面一个演讲故事：

一个科学会议的主持人在对现场在座的科学家们说："上级领导同意这次我们提出的方案，并赠给大家十六个字：严肃认真，周到细致，稳妥可靠，万无一失。"

听完主持人的话，在场的科学家一下子觉得压力很大，有的人甚至还倒吸了一口气。

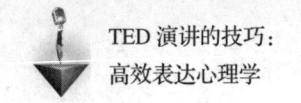

目光敏锐的主持人已经觉察到了科学家们的心思，便立即解释道："什么叫作'万无一失'？就是把想到的、发现的问题都解决掉，就叫万无一失。没有发现的、解决不了的，是吃一堑长一智的问题。扛枪还有卡壳的时候呢，别说这个小问题了。放心吧，只要大家认真做了，出了什么问题，由领导负责，由我负责！"

主持人通过这一席话，完全释放了科学家们思想上的沉重包袱。

从主持人一番话中，我们发现，有以下几点值得推敲：首先，一开始，主持人就切中要害，抓住科学家们担心的问题，也就是"万无一失"；接着，他由此设问，以问题引路，自问自答，引出一段解释，从而清楚地消除了听者的疑问。

可见，善于设问，往往能够切中要害，更有效地解决问题，从而收到设想的效果。

设问，是一种常见的修辞手法，常用于表示强调作用。为了强调某部分内容，故意先提出问题。所以，每一个预备当众演说的人，都应该学习如何运用设问的修辞来增强语言的效果。为此，在演讲中，你可以这样做：

1. 先设问再回答

设问是无疑而问，演讲者自问而自答。设问后，可以自问自答，也可只问不答。设问用得好，能引人注意，诱人思考，把谈话内容变得更加吸引人。设问是一种启发性的语言艺术。

设问的另一个作用是让听众产生悬念，引起听众一种欲知究竟的愿望。

2.设问要巧妙

你所问的问题要巧妙，要顺理成章，做好铺垫，引人入胜，最后一语道破玄机，否则就有故弄玄虚之感。这就好像相声里的"设包袱"，用跌宕起伏的情节，深深地吸引住他人，最后再"抖包袱"，起到画龙点睛的作用，让人感觉到强烈的语言效果，从而达到自己的目的。

3.可以先只提供部分的信息，吊足对方的胃口

有时候，别人听你说了上半句话，就想知道下半句。但是你突然停住不说了，那么对方就有很强的好奇心，想知道后半句到底是什么。我们在表达观点的时候，也可以留一部分，给对方制造一种想要了解的好奇心。当这种好奇心在对方的心里不断地翻起来的时候，对方就会产生主动了解的欲望了，此时，你再适时表明，对方一定会揪住你的话。

当然，最重要的是，在运用这一修辞手法说话时，我们要把握整个谈话的进程，恰到好处地把握时间的长短，才能给人留下难忘、美好的印象。

总之，设问是打开我们成功演讲之门的金钥匙，这种修辞手法，如果能在我们演讲时被恰当利用，就能使听众产生一种听完后有所得的愉悦感，真切理解我们的意图。

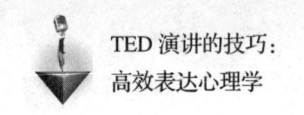

列出具体数据，提高演说语言的含金量

从某种意义上说，我们参加演讲的目的就在于让听众接受自己的观点。但事实上，听众也不会凭空接受演讲者所说的所有观点。对此，一些人喜欢采用一些华丽辞藻进行描述，但给人的印象却是华而不实，令人生疑的。因为这些语言毫无根据，完全站不住脚。但如果你能在话语中加入一些可信的数字，就会提高话语的含金量，让人感到信服。

TED演说大师们曾总结出一些引爆全场的心理技巧：善用修辞，善于提问，多用数字和细节；精心安排笑点，适当地自黑，来增加幽默感。其中运用数字是他们经常运用的一种方法，要知道，TED大会本身就是来自全球不同领域内的精英们齐聚一堂分享最新理念和知识的大会，如果只是用干巴巴的语言与听众交流，是毫无说服力的，运用具体数据，能提升演说语言的含金量，进而让听众心服口服。

其实，这一点早已被演说大师卡耐基熟练运用。卡耐基曾有一次经历，可以说是用数字说话的一个典范。他是这样说服一家旅馆经理打消增加租金的念头的。

每个季度，卡耐基都要支出1000美元用于租赁在纽约的某家大旅馆，时间是20个晚上，用以讲授社交训练课程。

有一季度，卡耐基的训练班已经开始授课了，但他却突然接到通知，要他付比原来多3倍的租金。而这个消息到来以

第07章
修饰演讲语言,像TED演讲那样深入人心地表达

前,入场券已经发出去了,其他准备开课的事宜都已办妥。这个棘手的问题如何处理呢?卡耐基决定亲自和这位经理谈谈,两天以后,卡耐基去找经理。

卡耐基对经理说:"我接到你的通知时,有点震惊。不过这不怪你。假如我处在你的地位,或许也会写出同样的通知。你是这家旅馆的经理,你的责任是让旅馆尽可能多赚钱,你不这么做的话,你的经理职位很难保住,假如你坚持要增加租金,那么让我们来合计一下,这样对你有利还是不利。"

"先讲有利的一面。"卡耐基说,"大礼堂不出租给讲课的而是出租给办舞会、晚会的,那你可以获大利了。因为举行这类活动的时间不长,每天一次,每次可以付200美元,20晚就是4000美元,哦!租给我,显然你吃大亏了。"

"现在,来考虑一下'不利'的一面。首先,你增加我的租金,也是降低了收入。因为实际上等于你把我撵跑了。由于我付不起你所要的租金,我势必再找别的地方举办训练班。

"还有一件对你不利的事实。这个训练班将吸引成千的有文化、受过教育的中上层管理人员到你的旅馆来听课,对你来说,这难道不是一种免费宣传吗?事实上,假如你花5000美元在报纸上登广告,你也无法邀请到这么多名人来亲自参观,我的训练班给你邀请来了。这难道不合算吗?"讲完后,卡耐基告辞了,"请仔细考虑后再答复我。"当然,最后经理让步了。

人们对于权威语言和数字似乎更能产生信任感,卡耐基之

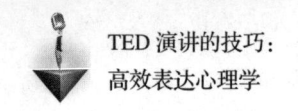

所以获得成功，只是因为他站在经理的角度想问题，把增加租金与保持租金的好处用数字一个个清楚地表达出来而已。

同样，在演讲过程中，我们也可以运用这一方法来增强语言的可信度。从卡耐基的这一次经历中，我们不得不承认，我们在向听众阐述观点时，听众是心存疑虑的，此时，数字语言就能派上用场了。

为什么数字能提高语言的可信度？从心理学的角度分析，那些空洞的语言往往表达的是主观的想法，会让听者觉得查无实据；而具体的数字则可以提供难以质疑的具体证据。比如，在向用人单位证明自己的实力时，同简单表示"提高了生产能力"的应聘者相比，一个表示"7个月内将工厂产量提高156%"的人无疑会令用人单位印象更加深刻。

那么，我们该怎样将数字运用到演讲语言中呢？

1.数据的真实性和准确性

我们运用数字说话，就是希望让听众接受我们的观点，但如果数字本身的可信度有问题，比如数字不准确或者虚假、夸张等，就会使听众产生信任危机，因为一旦听众发现这些数据本身有问题，就会对你产生怀疑，那么，运用数据说服这一策略就只能起到反作用了。

2.仅罗列数据是不够的

精确数据的使用，当然会为你的话语增加可信度，但一味地罗列数据会让听众找不到重心，也会让听众以为你在故弄玄虚，从而对你产生厌恶感。所以，使用数据是有一定的原则的：

（1）合适的时机

要想让你的数据具有更强劲的说服力，你首先要挑选合适的时机，比如在发现听众对你的话产生怀疑时。

（2）度的把握

演讲的时候，还要注重适度运用精确数据来说明问题，要懂得适可而止，不要随意或滥用。

（3）数据的更新

另外，值得注重的是，很多数据是随着时间和环境的改变不断发生改变的。因此，在使用某些数据时，要保证它是最新的。

总之，列出具体数据是增加话语可信度的重要方法，空有华丽的辞藻是不会吸引人的。记住，要证明你的观点，你就要学会用数字说话。

用好夸张，能起到加强语气的效果

生活中，我们常有这样的说话经历：说自己穷困的时候，你可能会说"身上一毛钱都没有了"；当描绘某人又高又瘦时，人们说他像根"竹竿"；当向医生诉说你的病情时，你说发高烧，全身就像被"烧着"一样烫。怎么可能真的一毛钱都没有呢？果真人高瘦得像竹竿吗？全身发烧真的是被火烧了

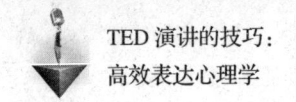

吗？显然是言过其实了。但是，这种言过其实，在听者看来却并不觉得是虚假的，相反却加深了印象，这便是说话夸张的技巧。同样，在演讲中，我们也可以运用这一心理技巧。

TED演说大师们在谈到演说经验时普遍认为：越是视觉系、夸张的演讲，听众印象越深刻。前面我们就提及，曾在TED大会上，生物学家为了讲述人脑两个半球之间的交流和各自功能，就在演讲开始时带上一个人脑，惊掉了听众的下巴，很多人戏称，如果学校老师上课和吉尔博士一样有趣就好了。

分子生物学家也是《让大脑自由》的作者约翰·梅狄纳曾说："对于一次经历，大脑会更多地记住和情绪有关的部分。"在演讲中，如果我们能让听众产生强烈的情绪反应，听众自然会更投入，且更容易记住演讲内容。

同样，在现实的演说中，演讲在有表达需要的情况下，在尊重客观事实的基础上，故意言过其实，夸大或缩小人或事物的一些特征，形成强烈的对比效果，这就是夸张的修辞手法。

修辞上的夸张的最大特点是"言过其实"。事实上夸张辞格不管夸张到什么程度，夸张都要在本质上符合事实或者说它需要具备这样的品质与本领——本质上符合事实，表述上言过其实。这两点是二而一一而二，真正涵盖了夸张这一修辞格的真正涵义。如人们读到李白"飞流直下三千尺，疑是银河落九天"的诗句时，不会不用心去体会庐山瀑布那从天而降的气势，因为夸张手法的运用，让这瀑布的美震撼人心。

不得不说，在演讲中，夸张能使人或事物的形象或特征更加突出，给听众的感觉也会更加强烈，从而使他们受到演讲者话语的感染而投入更多的注意力。

夸张可分为三类，即缩小夸张、扩大夸张、超前夸张。

缩小夸张是指，故意把客观事物说得"小、少、低、弱、浅……"的夸张形式。例如，一个浑身黑色的人，站在老栓面前，眼光正像两把刀，刺得老栓缩小了一半。

扩大夸张是指，故意把客观事物说得"大、多、高、强、深……"的夸张形式。例如，蜀道之难，难于上青天。

超前夸张是指，在时间上把后出现的事物提前一步的夸张形式。例如，农民们都说："看见这样鲜绿的茵，就嗅出白面包子的香味来了。"

夸张有揭示本质，给人以启示；烘托气氛，增强感染力；增强联想，创造气氛的作用。

夸张是言过其实，但为什么听者不觉得它虚假呢？因为夸张也能突出事物某一性质较合理的地方，而且它经常与比喻、比拟等技巧结合在一起，听者心里自然有数。

说话时，合理地运用夸张技巧，可以揭示事物的本质，既能加强说话的感染力，又能"启动"听者的想象力。

古人云："俗人好奇，不奇声不用也。故誉人不增其美，则闻者不快其意；毁人不益其恶，则听者不惬于心。闻一增以为十，见百益以为千。"这句话告诫我们，演讲中，在运用夸

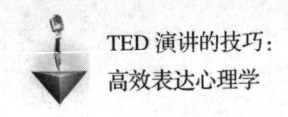

张这一修辞手法时，需要注意：

1.以事实为依据

夸张必须以客观事实为基础，必须反映客观事物的本质特征。它之所以言过其实而又不虚假，其奥妙就在于突显了事物的某一部分性质，不似真实而又胜似真实。

2.要注意分寸

要让听者知道你在夸张而不是写实；不要单纯为了猎奇而强行夸张，像在报告，或介绍经验等场合就不能随意运用夸张技巧。

总之，运用夸张的表达技巧，能起到加强语气的效果，但讲者在运用夸张修辞手法时，要以客观实际为基础，在不失去真实感的前提下进行夸大或缩小，绝不能无中生有，信口开河，把事物夸得过分了。夸张也必须结合特定的目的与场合而用，在随意的场合可以活跃气氛，增加谈话趣味。但在严肃场合，不宜用夸张的语句。

展现现实例证，让你的话更有说服力

相信任何一个有过演讲经历的人都明白，有时候，向听众传达一些观点，如果纯粹从理论上来说明，用口号来呼吁，不但困难，而且会让听众感觉枯燥无味。而如果通过举一些事例

第 07 章
修饰演讲语言，像 TED 演讲那样深入人心地表达

来引证，则既能有效地阐述观点，说明道理，让听众信服，又能让讲话内容充实，形式活泼，让听众感兴趣。

研习过 TED 演讲的人们可能都发现，曾在 TED 大会上发表演讲的人都口才非凡，且善于修饰自己的演说语言，并且，他们通常博学多才，在演说时绝不说空话和大道理，而是经常引经据典，营造好的演讲氛围，让听众产生信任感。

的确，我们不要指望所谓的大道理会起到感染他人的作用。想要提升你的语言的可信度，就要学习运用现实例证，否则，讲了也是白讲。

有人讲了这样一段话："同志们，在改革的过程中，我们一定要旗帜鲜明地肯定那些应该肯定的事物，坚决否定那些应该否定的事物。我们不能只知道肯定应该肯定的事物，而不知道否定那些应该否定的事物；也不能只知道否定那些应该否定的事物，而不知道肯定那些应该肯定的事物，更不能够肯定了应该否定的事物，而否定了应该肯定的事物。我的话讲完了。"

这个讲话，等于没讲，毫无意义可言。的确，现实工作中，一些人总是说空话、说套话，甚至说假话，于是说者滔滔，费尽口舌；听者恹恹，苦不堪言。

在讲话的过程中，我们要善于选择一些比较有代表性的事例来阐述问题。这样可以为你的观点增加点分量，并且能够表明你的陈述是比较客观的。如果缺乏事实的依据，你的故事再感人，也没有信用度可言。当然，也要注意，不要引用过多事

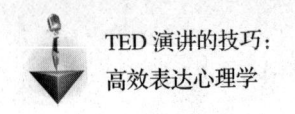

实，避免听众厌烦。

的确，演讲必须具有可靠性，这样才能有说服力。一段话，即使讲得非常精彩，非常有趣，但如果有一处被怀疑，讲话效果都会大打折扣。而为了让讲出的话更有说服力，我们可以借助事例来引证。

美国南北战争结束后，有一个叫约翰·爱伦的普通人和一个南北战争中的著名英雄陶克将军竞选国会议员。陶克在竞选演讲即将结束时，还说了几句很带感情色彩的话：

"诸位同胞们，记得17年前(南北战争时)的今天，我曾带兵在一座山上与敌人激战，经过激烈的血战后，我在山上的树丛里睡了一个晚上。如果大家没有忘记那次艰苦卓绝的战斗，请在选举中，也不要忘记那吃尽苦头、风餐露宿造就伟大战功的人。"

这话应该说是很精彩的，许多听众都认为爱伦定输无疑了。然而，爱伦不慌不忙，说了几句很轻松的话，便扳回了败局。他是这样说的：

"同胞们，陶克将军说得不错，他确实在那次战争中立下奇功。我当时是他手下的一个无名小卒，替他出生入死，冲锋陷阵。这还不算，当他在树丛中安睡时，我还携带了武器，站在荒野上，饱尝寒风冷露的滋味，来保护他。"

这话比陶克说得更高明了。因为听众中许多人是南北战争时的普通士兵，所以，爱伦的话更容易激起这些人的共鸣。于是，爱伦击败了陶克，胜利地跨进了国会大厅。

为什么爱伦的话引起了听众的共鸣？为什么爱伦能击败陶克？因为爱伦拥有着和这些听众同样的经历，因此，当他将这些事实拿出来与听众共同分享的时候，就显得更有信服力，更容易打动听众。

在讲话的过程中，我们要善于选择一些比较有代表性的事例来阐述问题。这样可以为你的观点增加分量，并且能够表明你的陈述是比较客观的。如果缺乏事实的依据，你的故事再感人，也没有信用度可言。当然，也要注意，不要引用过多事实，避免听众厌烦。

那么，我们在演讲时，该如何摆事实，以获得听众的信服呢？

1.调查事实，收集材料

真实性要求材料必须来自生活，是客观存在的，具有普遍意义；材料的准确性则要求讲话者自己对材料是有把握的，不能用模糊的词语，让人不敢确定。

我们讲话要有深度，除了深刻的见解，还要有充分的理由，讲道理与摆事实缺一不可。充分的事实捏造不出、假设不出，因此，这就要求这事实必须建立在广泛的调查研究上，建立在平时的丰富积累上，听得多了，看得多了，想问题、讲话就容易贴近生活、贴近实际，讲话的时候才能信手拈来，才不至于有"书到用时方恨少"的感慨。

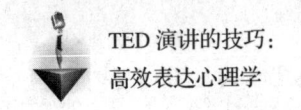

2.语言流畅、严谨有致

我们讲话时，要有气势，这并不是指要声音大、语速快、滔滔不绝如河水汹涌，也不是指非要盛气凌人，以压倒对方为目的地抢话。讲话的气势主要体现在：

首先是语言流畅，我们在讲话过程中，要把所要表达的问题以一种非常有逻辑性的语言表达出来。

其次在于严谨有致，前后内容丝丝入扣，不要有太多的破绽，不要出现前后的矛盾。

一个讲话既流畅又严谨的人说出来的话，即使语速不快，声调不高，也能形成一种娓娓道来、引人入胜的美好感觉，从而形成气势。要做到讲话的流畅与严谨，是需要下一番功夫的。首先，需要讲话者有良好的知识素养，能够比较快速地寻找到话语材料；其次，需要讲话者在讲话之前能对即将要讲的内容有精心的准备；最后，还需要讲话者在讲话的过程中有敏捷的反应能力，及时填补讲话的漏洞。

另外，演讲时，我们引用事例要避免一个误区：事例所体现的观点与演讲主题不相关或矛盾。这样的事例，不但不能论证观点，反而会让演讲者陷入尴尬的境地。

总之，真正有说服力的演说是不允许存在漏洞的，演讲者要从根本上说服听众，就要学会引用事例，这样，讲出来的话才会具有权威性，才能使听者不能不信！

第 07 章
修饰演讲语言，像 TED 演讲那样深入人心地表达

巧用排比，让演讲更具语言气势

现实生活中，人们参与演讲，是为了让自己的言语产生震慑人心的作用，为了让听众真正信服于我们的观点。而要做到这点，修辞手法的运用就必不可少。要知道，干涩、毫无张力的语言只会让听众昏昏欲睡。而在众多的修辞手法中，排比的运用更能达到营造语言气势的目的。

所谓排比，指的是由三个或三个以上结构相同或相似、内容相关、证据一致的短语或句子排列在一起，用来加强语势强调内容，加重感情的修辞方式。

我们来看下面一个故事：

从前，有个倒卖香烟的小贩，准备前往巴黎兜售香烟。来到巴黎后，他选择了巴黎小镇的一个集市。在这个集市上，他滔滔不绝地大谈抽烟的好处。

当他兴致正高时，突然间，从听众中走出来一位老人，连声招呼也不打，就走到台上非要讲一讲不可。那位小贩毫无心理准备，不禁吃了一惊。

于是，老人在台上站定后，便大声说道："女士们，先生们，除了这位先生讲的以外，抽烟还有三大好处哩！我不妨讲给大家听听。"

小贩一听见老人说的这话，转惊为喜，连忙向老人道谢："谢谢您了，老先生。我看您的相貌不凡，说话动听，肯定是

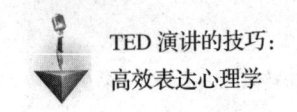

位学识渊博的老人,请您把抽烟的三大好处当众讲讲吧!"

老人微微一笑,立刻讲起来:"第一,狗见到抽烟的人就害怕,就逃跑。"台下的人很是莫名其妙,小贩则暗暗高兴。"第二,小偷不敢到抽烟人家里去偷东西。"台下的人连连称怪,小贩则喜形于色。"第三,抽烟者永远年轻。"台下的一片轰动,小贩则满面春风,得意洋洋。

然后老人把手一握,说:"女士们,先生们,请安静,我还没说清楚为啥会有这样三大好处呢!"

小贩格外高兴地说:"老先生,请您快讲呀!"

"第一,在抽烟的人中驼背的多,狗一看到他们以为拾石头打它哩,它能不害怕吗?"台下的人发出了笑声,小贩则吓了一跳。"第二,抽烟的人夜里爱咳嗽,小偷以为他没有睡着,所以不敢去偷东西。"台下的人一阵大笑,小贩则大汗直冒。"第三,抽烟的人很少有长寿的,所以永远年轻。"台下的人一片哗然。

此时,大家看倒卖香烟的小贩不知什么时候已经溜走了。

这里,老人为了制止小贩兜售香烟的不当行为,并没有直接上台与小贩对决,而是"曲线救国",并在说话的过程中,运用了三个极妙的排比句,步步深入地对小贩的言论进行反驳,理亏的小贩能不溜走吗?

从这里,我们可以看出排比在语言运用中的作用,它能让话语整齐明朗,富于气势和节奏感,演讲者朗朗上口,使语气气势强劲，情感得到升华，形成强烈的表达效果。排比的种类有成分排比、分句排比、单句排比、复句排比。

我们再来看看罗斯福总统是如何运用排比修辞来演讲的：

"二战"期间，在"珍珠港事件"后，罗斯福在国会上发表演讲，他慷慨激昂地说："昨天，日本对夏威夷群岛的进攻，给美国海军造成了严重损害。""昨天，日本政府发动了对马来西亚的进攻。""昨天，日本军队攻入了香港。""昨天，日本军队攻陷了关岛。""昨天，日本军队登陆菲律宾群岛。""昨天，日本进攻了威克岛。""昨天，日本人进攻了中途岛。"

这里，罗斯福运用了七个"昨天"进行排比，让人们看到日本军队在两日内的猖狂行为，让美国人民认识到美国所面临的危险，从而激发大家同仇敌忾的勇气和与敌人战斗的决心。

当然，演讲中，排比句的运用，也不是多多益善的，需要注意场合与语境。具体说来，我们需要注意的是：

1.以实际需要为出发点

你不能为了追求演讲语言的形式美而勉强去拼凑排比句，这只会造成适得其反的结果。

2.灵活选择排比的形式

无论是词的排比、句的排比、段的排比都是可用的形式，不必拘泥于其中一种。

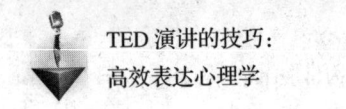

3.掌握使用的度，适可而止

总之，演讲的语言要做到引人入胜，就必须有气势，而排比是最能提升语言气势的修辞手法。可以让听众感受到一种气势如虹的语气力量，进而使得我们的语言更有威信。但不可过度运用，否则会使听众产生疲惫之感。

第08章

言语引导，让听众的心始终跟着你的思维走

相信任何一个演讲者都希望自己的演讲获得听众的认可，能和TED演讲一样受人欢迎，要做到这一点，你就不能唱独角戏，而应该学会用言语引导、调动听众的兴致，让听众积极参与到演讲中去，这样能潜移默化地让听众接受你的思想和观点，从而使得自己的演说在"掌声"中进行。

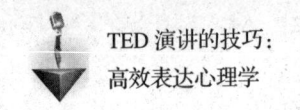

提一个开放性的问题，让听众参与进来

我们都知道，任何交流形式都是相互的，演讲中，与听众的互动也是如此，一些人在演讲中如鱼得水、尽得听众掌声，而有些人却被听众冷落、一个人唱独角戏，其中一个重要原因就是听众对你的话不感兴趣。一个真正的演讲高手似乎总是能营造出愉快的沟通氛围，而其实，这是因为他们善于用提问来挖掘听众的兴趣，听众一旦愿意听你说话，便会认同你，接受你。

对此，TED演说大师们给出几点建议：在演讲中，善用提问，在一问一答中，能将听众的注意力吸引到演讲主题中来。然而，提问也并非一件易事，因为我们的提问只有在发挥积极的作用下，对方才愿意回答。而这就要求我们多提积极的、开放的问题。因为通常来说，只有开放性的问题才能让听众回答的范围越来越广，也才能产生积极的效果。

一个刚来到澳大利亚的中国留学生遇到了这样的一件事。

一天，他在街上闲逛，这时，走过来一个金发小姐，并对他说："您是中国人？"

"嗯。"他下意识地回答了一声。

"那么，我能问您几个问题吗？"

"但是我并不懂英语。"他打着手势，装作并不懂的样子。

第08章
言语引导，让听众的心始终跟着你的思维走

"请放心吧，只是四个问题。"金发小姐对他微笑了一下，然后问了一连串的问："您是学生还是工作了？您最想做的事是什么？将来想从事什么工作？对未来有何打算？"

听到金发小姐这么问，他所有的疑问都消除了，他心想，在这样陌生的一个城市中，竟然还有人关心他，关心他的工作、生活，甚至未来，于是，他也很诚恳地回答了金发小姐的问题："我还是学生，但我同时也在打工，每天，我都感到很压抑，我没有朋友，因此，我希望和别人交往。在未来嘛，我当然希望从事我喜欢的工作并取得一定的成就。"

"您渴望交朋友、渴望让自己的生活丰富起来，也渴望成功，那么，您想过没，您以选择一个媒介去帮您实现，对于这一点，我就能告诉您。"

他感到十分惊奇，"她怎样帮助我实现？"于是，他在金发小姐的带领下，来到了她的办公室。接下来，金发小姐告诉他，她的工作是帮助那些有困难的人，根据他们的具体情况，为他们推荐他们需要的书籍，并且，这里的书籍还可以享受九折优惠，于是，这位留学生在最后不得不买了金发小姐推荐的一本书。

在这个案例中，金发小姐成功推销出自己的书，就是因为她善于提问，她先提了一连串的问题，而这些问题，是丝毫没有涉及推销的，并且是从关心留学生的角度提出的，因此，很快便使留学生消除了心理障碍。然后，她再适时地引入销售问题，让留学生产生一种继续想知道的愿望，随后，金发小姐成

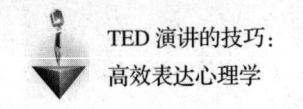

功推销出书也就成了一个事实。

同样，这一方法也可以被运用到演讲中。的确，开放性的问题因为具有很大的回答空间，所以能激发听众的说话欲望，进而让听众参与到谈话中，在听众感受到轻松、自由的说话氛围后，便会对你的演讲产生兴趣。

通常来说，开放性的提问方式，有一些典型问法，如"为什么……""……怎（么）样""如何……""什么……""哪些……"等。具体的问法就像案例中一样，需要我们认真琢磨和多实践才能运用自如。

当然，在提开放性问题的时候，我们还需要注意以下几点：

1.以轻松的问题发问

以轻松的话题开头，最好不要直接涉及演讲的主题。当然，以这种问法开头，要求我们掌握在交谈中的主动地位，这样问的目的在于一步步引导对方，在对方肯定了我们所有的问题后，自然会得出积极的结论。

2.对于听众的回答，千万不要否定

演讲中，如果当你提出某个开放性问题后，听众的回答你不认同，你甚至特别想说服他接受你的观点，此时，你最好不要一上来就否定他的观点，说他的观点是错误的、荒谬的，这样你一定不会获得你想要的结果。相反，如果你能机智、委婉地说出你的观点，然后将听众引导到其他话题上，从而让他们忘记自己原来的观点，这才是能将话题继续下去的明智之举。

3.避开听众的忌讳

事实上,每个人都有自己的忌讳,人人也都讨厌别人提及自己的忌讳。我们在提开放性问题的时候,最好要避开这类话题,把握分寸,不要伤害到别人的自尊心。

总之,演讲中,向听众提出富有针对性和启发性的问题,可以调动听众参与演讲活动的热情,使他们意识到,自己也是整个演讲的一个重要组成部分,这样可以使听众产生回答的兴趣,从而愿意继续听下去,何乐而不为呢?

提出思考的要求,进而给人方向和希望

无论我们在演说时追求什么艺术效果,在结尾时都必须要达到总结陈词、点醒听众的作用。要达到这一效果,我们就要善于在演说结束时提出思考要求。

的确,优秀的演讲者,往往在演讲伊始就能通过一番简短的讲话把听众的心凝聚起来,将群众的力量组织起来。而也有一些演讲者,讲话讲了半天,纯粹是空洞的说教,人家根本听不进去,"不吃你那一套",怎么会有号召力?我们应在增强"号召力"上做些研究。要通过讲话起到激励、鼓动的作用,达到演讲目的。

布芮尼·布朗在《脆弱的力量》演讲结尾时,她以"问问

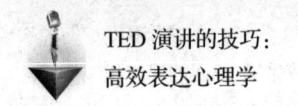

题"的方式，对听众提出思考的要求，进而给人方向和希望。在最后一段，布朗以短暂停顿3次，让观众集中注意力。

演讲内容是这样的：

"我们脚下的路不只是只有一条(停顿)，这是最后我要告诉大家的（停顿），我所发现的是（停顿）：我们要让别人看到我们、深刻地看到我们、看到脆弱的那一面；我们要拿出全部的爱去爱别人，即便未必有回报。我是一位母亲，我知道这一点，当孩子们有所害怕和恐惧时，我们依然要笑着面对，虽然很痛苦，因为我们会想：'我有办法这么爱你吗？''我能相信这一切吗？''我能继续保持热情吗？'。但是，无论如何，我们都要相信，别再让负面情绪和思维控制你，要告诉自己：'除了感恩还是感恩，因为我们能感受到自己的脆弱，证明我们还活着，这就够了。'

"最后是，我们相信自己，相信美好的事会发生，才能停止呐喊，开始倾听，我们才会更温柔待人待己。"

的确，对于任何形式的讲话来说，结尾都可以算得上是最具战略意义的部分。而对于致力于提升自己演讲能力的人来说，他们往往在这一方面做得不尽如人意。当一个人马上结束自己的言论时，可以这样做：

1.提出希望

如演讲稿《一位纪委书记的"小家"和"大家"》结尾就是用提希望的方式。

同志们，朋友们，我们正处在一个伟大变革的黄金时代，经济的发展、国家的富强、民族的振兴，需要全体人民的艰苦奋斗，特别是共产党人的模范带头作用。如果每一个共产党员都能正确处理好"小家"和"大家"的关系，严格地按党性原则要求自己，用党的纪律约束自己，用党旗下那神圣的誓言激励自己，那么我们党的形象将会更加光彩照人，我们党将会更加坚强伟大！

这种结尾的方式是演讲者用深刻的认识和独到的见解向听众提希望、发号召，能使听众的精神为之一振，具有动人情、促人行的作用。

2.抒发感慨

我们在结尾抒情怀、发感慨的内容，本身就是整个演说的核心思想。而把这些思想注入自己的情感，最易激起听众心中感情的浪花。如演讲稿《奉献之歌》的结尾：

啊！奉献，这支朴实的歌，这支壮烈的歌，这支深远的歌，这支永远属于母亲——我们的祖国的歌，让我们每一个中华儿女都来唱这支歌吧！

这个结尾，感慨万千，诗意浓浓，情真意切，情理俱在，给听众以极大的鼓舞和力量。

3.给予评价

评价式结尾在令人思索的同时，也能给人力量。

英国的T·S.艾略特是1948年的诺贝尔文学奖得主，他的

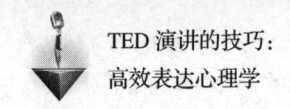

受奖演说简短而富有个人特征，艾略特以对诺贝尔文学奖象征意义的评价结束他的演说。他形容这次奖励"主发是对诗歌的国际价值的肯定"。有了这样一个相信诗歌具有超越和联系不同民族的作用和前提，就必须要指出，一个诗人站在世界的面前，并不是凭自己的成就，而是"作为一个时期的象征，象征着诗歌的伟大意义"。评价热情洋溢，具有极强的鼓动性。

4.请求采取行动

演讲的目的不仅在于传达某种观点，更是要有实际效用。成功的演讲者在讲演中说最后几句话时，会号召听众采取某种实际行动，并表明时机已经成熟。同样，领导干部发表演讲，也不要忽略这点。

另外，我们在演讲收尾前，应早有准备，要熟记自己的结束语，这样在总结陈述时可以始终保持与听众的目光交流。结束讲话后，短暂地收回目光，然后重新与听众进行目光交流。这时，你会感到大家的注意力又从演讲内容转移到你身上。这时不要忘记为听众留下肯定的自我印象，从而不至于削弱最后一句话的效力。

总之，演说者在演讲结尾要提出号召，以慷慨激昂、扣人心弦的语言，对听众的理智和情感进行呼唤，或提出希望，或发出号召，或展示未来，以激起听众感情的波涛，使听众产生一种蓬勃向上的力量。

第08章
言语引导，让听众的心始终跟着你的思维走

趣味式结尾，给双方都留下愉快美好的回忆

我们都知道，演讲活动中，开场白尤为重要，而幽默式的开场白会激起听众的兴趣，实际上，幽默同样能对演讲的结尾起到这样的作用。演讲中，如果草草收尾，那么，势必会让整个演讲显得虎头蛇尾，还会让听众留下遗憾。幽默式结尾是较有情趣的一种。演讲在笑声中结束，能给演讲者和听众双方都留下愉快美好的回忆，也是演讲圆满结束的形式化的标志。

对此，每个TED演讲者都给出建议：演讲中，无论是你要说的话还是主题，都不可太过严肃，因为人的大脑喜欢幽默的因素，制造幽默，更有利于达到好的演讲效果，演说结尾的幽默更能给听众留下美好的回忆。这是因为，从心理学的角度来说，幽默能够消除观众的心理防线，使其更容易接受你的信息，也能增加你的个人魅力。

世界球王贝利有着20年的足球生涯，参加过21364场比赛，共踢进1282个球，并创造了一个队员在一场比赛中射进8个球的纪录。

他超凡的技艺不仅让观众们叹为观止，而且他的口才也很出色，当他个人进球记录满1000个时，有人问他："您哪个球踢得最好？"贝利笑了，意味深长地说："下一个。"

他的回答含蓄、幽默，耐人寻味，像他的球艺一样精彩。

贝利这一简单的回答，不仅体现了他的幽默，听后更让人们领悟一个道理：在迈向成功的道路上，每当实现了一个近期

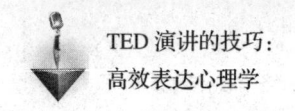

目标，我们决不应自满，而应迎接新的成功，把原来的成功当成是新的成功的起点，有一种归零的心态才永远有新的目标，才能攀登新的高峰，才能获得成功者的无穷无尽的乐趣。

的确，开场白重要，有个好的结尾更重要，幽默的演讲开场白能充分调动大家的热情，幽默的演讲结尾却能给人深刻的印象，让人期待你的下一次演讲。

这里还有一个萧伯纳的故事：

有一个朋友邀请萧伯纳赴宴，想让萧伯纳给他弹钢琴的女儿美言几句，好借此名扬天下。萧伯纳一到朋友家，女孩就迫不及待地弹了起来。弹了半天，萧伯纳一言不发，女孩只好先开口说话："我没有妨碍到你吧？"萧伯纳若无其事地说："没关系，你弹好了。"

萧伯纳的话幽默、简约、含蓄，有弦外之音，非得经过琢磨才好领会他的意思。演讲者在演讲中也可以使用这一方法，演讲内容的中心思想，有时候并非直接道明，一个小小的幽默便能为你传达，起到言有尽而意无穷的效果。

可以说，在所有的结尾方法中，幽默是最能被听众接受的了。我们在公共场合的演说，如果也能用幽默、风趣的语言结尾，那么，可为演讲添加欢声笑语，使演讲更富有趣味，令人在笑声中深思，并给听者留下一个愉快的印象。

那么，怎样才能达到这种效果呢？

第08章 言语引导,让听众的心始终跟着你的思维走

1. 造势

我国著名作家老舍先生十分幽默。他在某市的一次演讲中,开头即说"我今天给大家谈六个问题",接着,他第一、第二、第三、第四、第五,井井有条地谈下去。谈完第五个问题,他发现离散会的时间不多了,于是他提高嗓门,一本正经地说:"第六,散会。"听众起初一愣,不久就欢快地鼓起掌来。

老舍在这里运用的就是一种"平地起波澜"的造势艺术,打破了正常的演讲内容,从而出乎听众的意料,收到了幽默的效果。

2. 动作与语言相结合

鲁迅先生在结束《在上海中华艺术大学的演讲》时说:"以上是我近年来对于美术界观察所得的几点意见。今天我带来一幅中国五千年文化的结晶,请大家欣赏欣赏。"

说着,他一手伸进长袍,把一卷纸徐徐从衣襟上方伸出,打开一看,原来是一幅病态丑陋的月份牌,顿时全场大笑。

鲁迅先生幽默的反语结合着恰到好处的动作表演,使演讲在欢快的气氛中结束,而且使听众在笑声中进一步品味先生话中的深意。

3. 概括

幽默应该引人发笑,但高级的幽默又可以让人回味。高级的幽默是言近旨远。

某大学中文系为毕业生开茶话会。会上,院系的几个领导相继讲话。首先是系党总支书记讲话,三分钟的即兴讲话主要

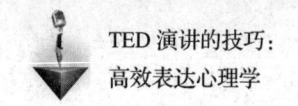

是向毕业生表示祝贺。然后是彭教授讲话，主题是希望同学们继续努力学习，还引用了列宁的名言。第三个讲话的潘教授朗诵了高尔基的《海燕》片断，以此勉励毕业生们学习海燕的精神。第四个讲话的系副主任希望同学们永远记住母校和老师们。紧接着，毕业生们欢迎王教授讲话。

在毫无准备而又难以推辞的情况下，王教授站起来，先简单地回顾了数年来与同学们交往的几个难忘片断，最后一字一顿地说："前面几位给大家提出了殷切的希望，可我还是喜欢说他们说过的话。（笑声）第一，我要祝同学们胜利毕业！（笑声）第二，我希望同学们学习、学习、再学习。（笑声）第三，我希望同学们像海燕一样勇敢地搏击生活的风浪。（笑声、掌声）第四，我希望同学们不要忘记母校，不要忘记辛勤培育你们的老师们！"

在这里，王教授对前面四个人的演讲做了简单的概括，使整个演讲在一片笑声中结束。如果他还和前面几个人一样，发表程序性的演讲，那么，整个演讲自然索然无味，结尾也是毫无精彩之处。

演讲的幽默式结尾方法是不胜枚举的。关键是我们要具有幽默感，并能在演讲中恰如其分地把握住演讲的气氛和听众的心态，才能使演讲结束语收到"余音绕梁，三日不绝"的轰动效应。

用含蓄、幽默的言辞或动作作为演讲的结尾，意思虽未直接表露，但富有趣味，发人深省，听众在欢声笑语中禁不住要去思考、领会演讲者含而未露的深刻用意。

视线变化是了解听众心理突破口之一

我们都知道，人类是一种视觉动物，眼睛是人获取信息90%的来源，同时也是传达信息的重要途径，除了语言、表情、动作以外，从人的视线中也能获得很多非常重要的信息，可以从中分析对方的心理。

曾经有个叫詹姆士的建筑家，他发现了一种可以防止偷盗行为的方法，并且，他将这种方法应用到工作中：他画了幅皱着眉头的眼睛抽象画，镶于大透明板上，然后悬挂在几家商店前。

不出所料，在那段时间，城市的盗窃案少了很多，当警务人员问其原理时，他说："我画的虽然并不是真正的眼睛，但毕竟做贼心虚啊，他们看到眼睛，必然会极力避开该视线，以免有被盯梢的感觉，因此，便不敢进商店内，即使走进商店里，也不敢行窃了。"

这就是眼神的力量，那些小偷看见的虽然是假的眼睛，可是有种心虚的感觉，因此，都想极力避开该视线，所以要解读一个人的内心世界，从视线入手最好不过。

可见，从心理学角度看，透过人的视线，我们能窥探出人的内心活动。人们在社会生活中，如果内心有什么欲望或情

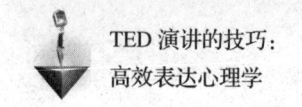

感,必然会表露于视线上。因此,演讲中,如果能通过视线了解听众的心态,那么,对于我们的演讲来说是有重要意义的。

参加举世闻名的TED大会的演说者们都有这样一项技能:通过观察在座听众的视线变化来洞察他们的心理,进而调整自己的演说方向和技巧,做到始终把控现场的氛围。

有"绅士小偷"之称的魔术师阿波罗·罗宾斯,能够神不知鬼不觉地把观众随身携带的物品偷出来。他曾当着美国前总统吉米·卡特的面从特勤人员身上偷到东西。而这名20年资深"扒手"曾现身TED,现场演示如何一点点偷走你的注意力!他在TED大会上连续演讲8分钟,全程未离开观众视线,最后在全场1350人毫无意识的情况下换掉了自己西服里面的衬衫。

他的每一个动作,都成功吸引住了听众的注意力,让魔术就发生在了观众的眼皮底下,而阿波罗·罗宾斯所做的就是"错误引导"——引导观众的视线,这是魔术成功的根基。

同样,在演讲中,我们也要有掌控听众情绪和注意力的能力,而重要的突破口之一就是观察大部分听众的视线变化来了解他们的心理变化,以此来调整我们说话的方向。

下面是演讲大师和心理学家对此作出的几点分析:

1.目光突然变得斜视,表明藐视、拒绝或者提起兴趣

细心观察,你会发现,在商业谈判中,彼此对立的双方会有这种眼神。

还有个特殊的情况,那就是一旦人们对某个人或事产生兴

第08章
言语引导，让听众的心始终跟着你的思维走

趣时，视线也会产生这样的变换。演讲中，如果大部分听众对你产生这样的视线变化，那么，你就要引起注意，你的话是否引起了某些观众的反感，或者是某些观点正合某些观众的心意。

2.视线突然转向远方，表明观众对你的谈话不关心或正在考虑别的事情

如果观众有这样的反应，那么，他很有可能在心里盘算你的话，以确定是否是正确的。或者对你的观点嗤之以鼻，表示否认。总之，遇到这样的情况，你都应该继续论证你的观点，给出充分的证据，以重新获得观众的信任。

3.对方做没有表情的眼神，表示心中有所不平或不满

可能你会认为，没有表情的眼神应该是内心没有波动的情况下才有的，这种想法是错误的。人的思维产生变化时，会有不同的表现，有的闭起眼睛，有的则呆滞地望着远方，还有的则会做出毫无表情的眼神，一旦思维整理妥当或产生新的构思时，眼睛则显得很有神，或出现有规律的眨眼现象。这也是接着将要说话的信号。所以，演讲中，听众面无表情不是好现象。

4.听众眼神发亮略带阴险时，表示他对你不相信，处于戒备中

我们经常看到的是，那些打扮太过妖艳或奢侈的女性，走在大街上，也很容易招致这种眼神。

与听众初次接触，他们如果带着这样的眼神，而你觉得自己并没有做错什么的话，很有可能是他曾经听到过一些关于你

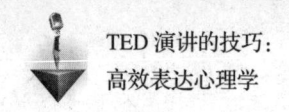

的负面消息，当然，这一消息很有可能是不实的，你要做的就是尽快澄清误会。

总之，在演讲中，与听众的视线交流是沟通的前奏。一个人的视线可以从不同角度和不同的观点来了解。其一，听众是否在看着自己，这是关键；其二，听众的视线是如何活动的；其三，视线的方向如何，也就是观察听众是否以正眼瞧着自己，或以斜眼瞪着自己；其四，视线的位置如何，究竟是由上往下看，还是由下往上看；其五，视线的集中程度。这些表现所代表的意义是各不相同的。

第09章

敢于创新,和TED演讲一样创造性地改变演讲方式

从心理学的角度看,人们对于那些新奇和怪异的事物更有兴趣、更容易记住,而对于那些平平无奇的事物则很容易忽略和忘记,从这一点出发,风靡全球的TED演讲者在演讲中都能别具一格地找到自己的演讲方式,要么借用新奇的道具,要么慷慨激昂地进行即兴演说,要么以出其不意的方式开场,实际上,这是一种很明智的选择,因为这不仅能使台下的听众眼前一亮,而且人在轻松的氛围里能有效地思考问题,从而使自己的演讲抓住人们的心。同样,我们在练习演说技巧时也要做到创新,改变传统的演讲方式,让听众产生耳目一新的感觉,你的演说就成功了。

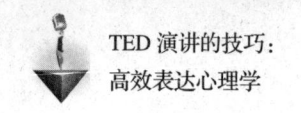

学点心理学，了解听众的需求是做好演讲的前提

演讲中，可以说，一个好的主题是让听众感兴趣、继续听下去的前提。这就如同人际交谈中，好的话题是深入谈话的基础，是敞开心扉纵情交谈的开端。但是在具体选择话题的时候，要顾及对方，看清谈话的对象喜欢什么样子的话题。一个话题，只有让对方感兴趣，谈话才能有继续维持下去的可能。

同样，演讲中，我们也要考虑听众的需求，就比如说，如果你自己是听众，你在听别人演讲的时候会做些什么呢？有时认真听，有时开小差。或许，我们会被迫去参加演讲会，但没有人能迫使一个人听演讲，除非听演讲的人自己愿意听。

的确，任何一场演讲，都包括两个信息——演讲者所传达的信息和听众接收的信息。在我们演讲的时候，即使听众在认真听，也并不代表他们接收了所有信息，这是为什么呢？因为人都是以自我为中心的，都会把注意力放到自己关心的话题和一些有意义的信息上。

事实上，任何TED演讲之所以受人欢迎，重要原因都是演讲者所谈论和分享的都是当今人们关心的热门话题，都能点燃听众的兴趣和激情，比如信息技术、人工智能、人文教育等，我们可以说，做好听众的心理需求分析，是演说前的重要准备工作。

第09章
敢于创新，和TED演讲一样创造性地改变演讲方式

《庄子秋水》中讲了这么一个故事：

庄子和惠施在濠水的一座桥梁上散步，庄子看着河中的鱼儿说："鱼儿在水里自由地游来游去，它们真快乐呀。"

惠施反驳说："你又不是鱼，怎么能够知道鱼儿的快乐呀？"

庄子说："你又不是我，你怎么知道我不知道鱼儿的快乐呢？"

惠施哑口无言。

庄子是十分机智的，他的话不多，却抓住了对方言语之中的漏洞，用短短的一句话就让惠施哑口无言了。同时也给自以为很聪明的惠施一个当头棒喝。

从这个故事中，我们可以读懂一个道理，每个人性格、身份、年龄不同，在看待问题上的着眼点也不尽相同，这就要求在说话的过程中注意对方感兴趣的所在，抛开一些没有实际作用的大道理，用对方感兴趣的话去调动他的激情，这样就会起到事半功倍的效果。

了解听众的需求是做好演讲的前提，现代社会的演讲要求演讲者不能再以自我为中心。无论是收集材料、撰写演讲稿还是预讲，演讲者都要重点考虑大多数人的需求，考虑他们的兴趣，满足他们的深层次的心理动机，否则，你的演讲就变成了自说自话，最终变成一个人的舞台和独角戏，而不会引起台下的共鸣。

因此，要想掌握好的演讲技巧，就必须要做好听众的需求

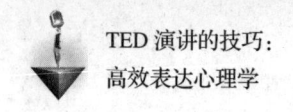

分析。这里,我们需要考虑的几点是:

1.听众的爱好

作为演讲者,假如你喜欢军事,而听众群体是摄影爱好人士,你和听众大谈军事,听众却对军事一窍不通,就等于是对牛弹琴,你津津有味地说了半天结果发现听众根本听不懂,你的心情不会好,同样听众的心情也不会好。这就注定了你的演讲是失败的。

2.听众的职业

假如你今天要做的是一场针对销售员的演讲,听众的需求是学习销售技巧,听众的利益是希望通过聆听你所传达的实用技巧来将其运用到具体的销售过程中,最终达到增加销售业绩的目的。而同时,他们也希望获得老板和同事的认同,如果你能考虑这点,那毫无疑问是最成功的演讲。

3.听众的年龄

在设计演讲稿的时候,你就要将听众的年龄考虑在内,一般而言,那些年纪稍大的人可能更爱面子,他们会因为害怕答错问题而不愿意与你配合,在演讲这样的场合一般也选择沉默。

4.听众的文化程度

在你的演讲群体中,如果同时存在初中生和本科生,那么,你要明白,他们希望从你的演讲中获得的信息是不同的,在设计演讲稿的时候,你就要将大多数听者考虑在内,甚至可以在演讲前把这个观点讲给听众,以免引起误解。

5.听众的意愿

演讲者要明白台下听众的意愿很重要,有些听众是自愿来听演讲的,而有些听众是被迫被强制来听,有些听众是抱着试试听的态度,有些听众是很想从演讲中学到知识,还有些听众是未听过演讲来凑热闹的……面对这些不同态度的听众,我们需要做好应对的准备和预案。

总之,我们需要掌握听众已经知道、相信和关心的东西。人们只能够以自己的经验来理解事物,同时也说明不管是演讲还是和别人沟通,必须深入了解他们的需求,这样才会掌握好的演讲技巧,取得好的演讲效果。

说个故事,带动听众的情绪

现实生活中,一些人一到公众面前说话就显得笨嘴拙舌,不知道从哪说起,也不知道怎样表达,他们经常抱怨上天没有给他一张伶俐的嘴巴。其实,演讲口才的好坏和天赋并没有多大的关系。上天可能在人类容颜的问题上存在一些偏心,但是在口才方面却是绝对公平的。我们知道,写文章讲究"读书破万卷,下笔如有神",其实讲话和写文章属于一样的道理,只有积累的东西多了,才能够说出有水平、有见解和有说服力的话,而要想说服听众,不但要积累语言素材,更要善于说故事。

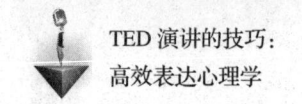

比如，在举世闻名的TED演讲中，演讲者们都善于讲故事，因为有趣的故事谁都喜欢，故事能带动听众的热情，掌控听众的情绪，将听众的注意力带入演讲中。

TED掌门人克里斯·安德森在《演讲的力量》一书中，分享了成功演讲的核心技巧——分享你的故事以及你所关心的事物。如果你能学会这种技巧，你的自信就会不断增强，你会惊讶于它带给你的成功，不论你选择怎样定义它。如埃隆·马斯克在第三次发射火箭失败后发表演讲鼓舞士气；14岁的马拉维发明家威廉·坎宽巴关于在村里制造风车故事的演讲，最终被达特茅斯学院工程专业录取。

在生活中，会讲故事的人，往往也比较有魅力，这就是一项技能。不知你是否发现，在你生活的圈子里，就有那么几个会讲故事的人，大家很喜欢听他们说话，莫名感觉这个人很有意思，现在究其原因，正是因为他会讲故事，讲得引人入胜，所以你才愿意听他讲，愿意和他聊。

的确，无论是什么形式的演说，与趾高气扬地发号施令相比，讲故事的方式是最生动和最有说服力的。实际上，正是认识到故事在演说中的积极作用，很多企业和个人开始学习如何运用故事来提升演说水平。

比如，可口可乐的老总郭思达就风趣地提醒员工，人体每天需要64盎司液体，而可口可乐只提供了2盎司，言下之意就是可口可乐的市场潜力仍然很大。《领导发动机》的作者迪奇指出，

第 09 章
敢于创新，和 TED 演讲一样创造性地改变演讲方式

领导实际上就是带领变革，将大家从现在带向所期望的未来。

总之，演讲中，我们要想获得认同，可以讲一些感性的故事，这样能使你的话热烈起来，能够打动人，当然，作为讲话者的你，首先要搜集这类故事，并要保证故事的真实性，否则，一旦对方识破了你的谎言，我们便会因小失大。

使用演示，将演说主题绘声绘色地表演出来

在印第安纳波利斯召开的TED青年大会上，吉尔·泰勒博士曾讲述为何处于青春期的孩子们会感觉自己的行为不受控制。一开始，他带上了自己的道具——人脑，震惊了全场，然后他开始陈述人脑的发育过程，以及为何青春期的人有种种"出格"的行为表现，最后，吉尔博士给出了自己的看法：青少年并不是"发疯"了，而是生理原因导致他们有异常表现，并且到了25岁后自然就会有所好转甚至消失。

的确，伟大的演讲者会把故事绘声绘色地表演出来。吉尔博士清楚，如果他讲得不够精彩，就不能打动他的观众。

我们再来看下面一个小故事：

某天，推销员汤姆准备向某准客户推销一款280元的厨具。

他按响了门铃，等他道明了来意后，客户当场就拒绝了他："我是不会购买这种又贵又没用的东西的，请你走吧。"

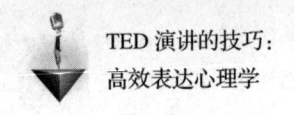

客户态度如此坚决，让汤姆碰了一鼻子灰，但汤姆想，决不能放弃，一定有方法可以让客户接受自己的产品。

第二天一大早，汤姆就又来了。这次，客户的态度还是和昨天一样，一看到来推销的汤姆，他还是坚决地说："我昨天不是说过了吗？我是不会买你的东西的。"这次，汤姆并没有急着介绍自己的产品，而是从口袋中掏出一张一美元的钞票，当着客户的面把它撕碎，对客户说："你心疼吗？"客户吃惊地看着他，心想，这人真是疯子，汤姆没等客户回答就离开了。

第三天早上，汤姆又在同一时间来到客户家，客户开门后，汤姆又掏出一张一美元的钞票，当着他的面把它撕碎。然后问："你心疼吗？"

客户说："我不心疼。这又不是我的钱，你要是愿意的话，可以继续撕。"

汤姆说："我撕的不是我的钱，而是你的钱。"

客户很奇怪："怎么会是我的钱呢？"

汤姆并没有马上回答客户，而是停顿了会儿，这时，客户急了："你倒是说啊。"

此时，汤姆才缓缓地说："您自打结婚起，就住在这房子里，已经有20年了吧，如果这20年，你使用的是我的烹调器具做饭，每天就可以节省1美元，一年360美元，20年就7200美元，不就等于撕掉了7200美元吗？你今天还是没有用它，所以又撕掉了1美元。"

第09章 敢于创新，和TED演讲一样创造性地改变演讲方式

客户被他的话说服了，立刻购买了汤姆的产品。

案例中，厨具推销员汤姆之所以能转败为胜，就在于他近似"疯狂"的举动——撕毁钱币，这大大引起了客户的兴趣，进而打开了销售的局面。

一家钢铁锅炉公司的主管们需要对代销商们讲解：关于锅炉的燃料是从底部加进去的，而不是从顶部。那么，怎样解释清楚这一问题呢？于是，他们想出了一个简单却很有力的展示方法。开口前，演讲人先点燃了一支蜡烛，然后说：

"大家看到了吗？这火焰是多么明亮——它蹿得多高。因为蜡烛的燃料都转化成了热能，不过我们看到的是，它也不冒烟。

"我们不难看到，蜡烛的燃料是从蜡烛底部开始往上供应的，其实，我们的钢铁锅也是如此，也是从底部添加燃料。

"现在，我们来假设一下，这支蜡烛是从顶部供应燃料的，那就如我们曾经使用过的那种手拨的火炉一样。（说到此，讲演人将蜡烛倒置了）

"大家请看看火焰是怎样熄灭的，烟味是不是从现在开始变了？火焰也变红了？这是因为火焰不完全燃烧倒置的，最后，因为燃料是来自顶部的，所以熄灭了。"

亨利·罗宾逊先生为《你的生活》杂志写了一篇有趣的文章《律师怎样赢官司》。在这篇文章中，有一位名叫亚伯·胡莫的保险公司的律师。在接手公司的一起伤害诉讼时，他巧妙

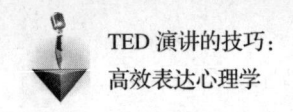

地运用了戏剧性的展示表演。

　　原告碑波士特先生说,他因为在电梯摔倒,从楼上滚到楼下,感觉肩膀严重受伤,现在都无法举起自己的右臂了。

　　胡莫表现出很关心的样子,然后他充满信心地说:"现在,碑波士特先生,请让陪审团看看,你大概能将手臂举到多高。"碑波士特按照他的话去做,然后十分小心地将手臂举到了耳边。谁知道,接下来,胡莫说:"现在是再让我们看看,受伤前,你能把它举起多高?"胡莫明显是在怂恿他。"像这样高。"碑波士特说着马上伸直了手臂,把手臂举过超过肩膀的高度。

　　的确,在演说中,如果在一开始,我们就照本宣科地叙说的话,很明显是枯燥乏味的,此时,我们只要使用一点小小的技巧,就能让听众"心随你动",这一技巧就是演示法,除了自己使用道具外,我们还可以挑选听众来帮助你演示,将你的观点戏剧化地展现出来。它能让你的演说表现得妙趣横生,只要其中一个听众被带入到演示中,其他的听众就会注意力集中起来,看看究竟要发生什么事。

来一场脱稿演讲,让你与众不同

　　我们任何一个在公共场合参与演讲的人,都希望自己在演说的时候能妙语连珠、口若悬河,这也是演讲大师制胜的法

第 09 章
敢于创新，和 TED 演讲一样创造性地改变演讲方式

宝，是我们讲出魅力的根基。但照本宣科、照稿念，是无法达到这一效果的，因为从心理学角度看，只有倾注了热情的讲话，才能打动听众，事实上，任何一个演说大师都懂得要想让听众接受我们的观点，就要适时脱稿，只有将演讲稿抛开，才能真正慷慨激昂地演说，才能带动听众的兴趣，才能让你的讲话引人入胜。

任何一个演讲者，要想如TED演讲者那样拥有精湛的演说技巧，都要注重脱稿演讲的练习，在抛开演讲稿的情况下，如果你依然能口吐莲花，那么，你一定能给听众留下深刻的印象！

实际上，那些最受欢迎的TED演讲都是脱稿的。而他们也建议所有演讲技巧练习者：千万别照着读，不要使用提词器。因为台下的人们很容易能看到你正在使用提词器，而一旦看到，他们就会对你疏远，认为你的演说太官方了，所以，在TED，演说者一般不被允许照着读。不过，也有一些人坚持使用提词器。为此，大会将屏幕设置在了观众席的最后面，一开始，可能这名演说者很自然，可说一会儿就愣住了，因为观众发现了他在照着后面的提词器读，可想而知人们不快的情绪马上就涌现了，并且，这种情绪很快在观众席上传递。虽然，他的演讲可能并无错处，但评分却很低。

所以，对于任何演说者来说，进行脱稿演讲的训练，也能提升自己随时说话的能力。脱稿演讲与一般的演讲不同，做好脱稿讲话，不仅需要我们有着出色的说话能力，还考验到我们

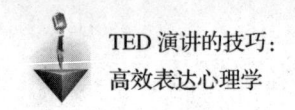

的思维能力。在脱稿讲话中，假如一个人的说话内容和方式都是一成不变的，听众就会失去兴趣，即使他说话时多么委婉动听，听众也会昏昏欲睡。如果他讲话方式呆板僵硬，不仅达不到自己的演说目的，而且还会让听众觉得你是一个枯燥无味的人。

1926年的时候，演讲大师卡耐基到瑞士的日内瓦参加国际联盟第七次会议，对于当时的情况，卡耐基后来做了笔记。多年之后，卡耐基再次拿出这些笔记，他在自己的笔记中看到这样一段："我听完了三四个死气沉沉的演讲者的报告，他们简直就是读手稿，接下来，加拿大的乔治·佛斯特爵士上台了，我看到他没有拿任何的纸张、文件，我顿时感到眼前一亮，实在很值得赞扬。在他要集中注意力在演讲的问题上，他会带有一些手势，以此来强调他的观点，他也很热情，他希望听众能了解他内心珍藏已久的观点，这种渴望很真实，就好比窗外日内瓦湖那般澄澈明白。在演讲培训课上，我一直强调要运用的那些重要的法则，在他的演讲里，我全部都看到了，而且展露无遗。"

卡耐基说，自己经常会想起乔治爵士的讲演。在他的演讲中，他表现得真诚、热心，而一个人，只有对自己的题目充满热情，是真心所想，才能有如此真实的表现。

这就是脱稿演讲的魅力，其实，很多有权威的演讲家，他们都深知这一点。

在公共场合讲话，如果我们希望自己的讲话引人入胜，就不妨适时脱稿，将自己融到演说过程中，进而带动听众的热情，达成我们的讲话目的。

的确，老话连篇、照本宣科，听众听起来只会毫无兴趣、昏昏欲睡。语言上的创新，是要从旧中挖掘出来的，既然听众"喜新厌旧"，我们就可以"以旧翻新"。翻新语言，对语言进行改装，就能赋予其新的内涵，这样，听众听起来既熟悉，又感到眼前一亮。

其实，当众说话没什么难度，演讲者完全可以作一场脱稿讲话。在卡耐基的训练班上，没有任何一位学员不会这一点。这位爵士所拥有的，大概就是学员们所没有的——坚决、勇敢地站起来讲话并击倒别人的意志力和态度，就是一种无论多困难也要坚决要讲的勇气。

那么，我们要让自己的脱稿演讲带动听众的热情，具体该如何做呢？

1.语言要生动形象

生动才能吸引人，我们开口需要使用新颖生动的语言，离人们的生活很近，这样才能使听众对你的讲话产生兴趣。反之，如果你总是老生常谈，就会让听众觉得索然无味，也不会对你的讲话有任何兴趣。

举个很简单的例子，形容一个人胖，如果你只说此人很胖，实在很胖，那么，一点说服力也没有。而如果你说成，"此人体型宽大，我估计摔倒了都不知从哪头扭。"这样就更容易给人一

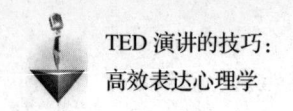

种形象感。契诃夫在描写胖子的时候，语言更为奇妙："这个胖子胖得脸上的皮肤都不够用了。要张开嘴笑的时候，眼睛就要闭上，而要睁开眼睛看的时候，就得把嘴巴闭上。"

2.在演说语言中注入你的精神力量

2000年前，有一位拉丁诗人曾说："如果你想引出别人的眼泪，必须自己先悲感起来。"的确，感情是形于内而发于外的东西，如果你自己做不到感情饱满，那么，自然感染不了听众，反而让人感到虚假、做作。也就是说，要想感染别人，最根本的是使自己先进入情绪，进入状态，用心感知。

3.使用专业术语要小心

如果你是从事某种技术性的专业工作，比如是医生、工程师、律师或者是其他专业化的行业，那么，在向其他行业以外的人聊到这个话题时，你必须要加倍小心，最好使用普通的词句来解释，同时最好加上必要的细节。

因此，我们在日常工作与生活中，应努力养成独立思考和多积累演讲语言的好习惯。这样，才能富有思想性和创造性，才能在演讲中做到厚积薄发、深入浅出。

即席发言，让听众耳目一新

现实生活中，我们几乎每到一处都有可能被要求讲几句话

第 09 章
敢于创新，和 TED 演讲一样创造性地改变演讲方式

或一段话，而且，并不是每次讲话都有写好的讲稿，这就要求我们具备快速组织语言的能力，也就是即兴发表讲话的能力。即兴讲话是一种在特定情境下实现没有准备的临场说话的口语样式。

相对来说，生活中，人们在说话时的语言表达多半都是即兴的。比如，朋友相遇时的寒暄、酒桌上要言不烦的祝辞等，每个人都不可能拿着稿子去念。因此，即兴讲话对我们每一个人来说都非常重要。如果没有即兴讲话的技巧，遇事则脑门充血，无言以对，颠三倒四，哼哼唧唧。

曾有人调查过关于人们对演讲的恐惧，调查得知，在害怕演讲的人当中，甚至有一部分人怕它甚过死亡。而 TED 大会是公共演讲里最可怕的那一个，因为 TED 演讲者除了要面对能支付起 8500 美元门票的有钱人外，还要面临坐在电脑前观看被录成网络视频的 TED 演讲的百万人甚至更多人。

因此，对于 TED 演说者来说，他们在这个舞台上，能依靠的东西很少，他们是不会使用提词器的，因为提词器会让演讲者与观众隔绝。负责多个项目的 TED 社区总监汤姆·莱利（Tom Reilly）在大会现场对《好奇心日报》解释道："提词器会让演讲者与观众隔绝。有经验的演讲者可以装作没有看屏幕，但还是会不自然。"

但绝大多数 TED 演讲者，只能完全脱稿。但与脱稿演讲相比，TED 演讲大师们建议，真正历练一个人演说能力的，只有

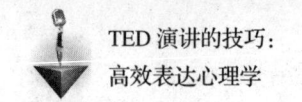

即兴演说，与脱稿演说不同的是，即兴演说更考验一个人的反应能力和语言组织能力，因为脱稿演讲在演说前还是有准备工作的，但即兴演讲的特点是即兴而发、随机而发、短小精悍，即兴发言的构思技巧实际上关系到思维方法问题，这就需要演说者必须思维敏捷，构思迅速，才能及时、准确地作出回答。

当然，千万不要认为即兴讲话是没有中心的，想到哪里就说到哪里。作为即兴讲话，它也有讲话的中心，明确自己的观点和态度，由于构思的时间较短，领导者必须确定自己想说什么，并确定发言的中心，以及自己的观点和态度。

1984年4月27日，美国总统里根在人民大会堂发表了如下的讲话：

"谢谢你，周培源博士，谢谢各位尊敬的女士和先生。今天，我很荣幸能够来到这里，成为有史以来第一位在人民大会堂向贵国发表演说的美国总统。

"我和我的夫人一直盼望来世界上历史最悠久的文明古国之一的中国访问，同你们伟大的人民见面，以睹贵国历史宝库的风采。北京宽阔的大道使我们赞叹，贵国人民的待客热情，使我们深深感动。我们唯一的遗憾，就是这次访问的时间太短。看来只能像唐代一位诗人所写的那样'走马观花'了。但是中国的《汉书》里还有另外一句话叫'百闻不如一见'，南希和我深有同感。"

这是一段美国前总理里根的即兴发言，里根一上来就向大会主持人及全体听众表示了深深的歉意,对中国人表示高度的赞扬,对中国古老文化有深厚理解。从礼貌、礼节上讲,这都是十分必要的,这番话很快架起了里根总统与听众之间的感情桥梁。不得不说,这是一段极其精彩的即兴讲话,同时,也可以看出里根作为领导者的卓越之处。

那么,我们在发表即兴讲话的时候,如何快速组织语言、如何快速拟定话题?要想达到这些目的,需要注意以下问题:

1.随时做好发表即兴演讲的心理准备

当你在毫无准备的情况下被大家举荐起来发表讲话时,多半情况下,大家是希望你能在大家包括你自己熟悉的某个方面给出自己的看法。

所以,在此之前,你就需要对这一情况有一定的心理准备,并要做到在最短的时间内大致梳理出你想要谈的内容,即使你不知道会被举荐出来讲话,你也要事先准备。你可以询问自己:假如我被叫上台讲话,我该说些什么呢?今天的会议上适合说什么样的话题?对于会上提出的问题,该怎样措辞才能表示反对或者赞同?

2.快速构思

有了这样的心理准备后,接下来你要做的就是思考,并且是不断地思考。思考是世界上最难的事,也是最常见的事。事实上,即便是那些已经称得上是演讲家的人,他们做的每一场演讲,也肯定是少不了思考的。也没有哪位演讲家是没有花时

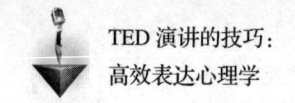

间来分析他即将参加的公开场合并做好准备的。这就好比一个飞行员，他也要不断地向自己提出任何可能的难题，只有这样，他才能随时准备去应付那些可能出现的紧急状况。任何一个演说高手，也都是在历经了无数次的演讲并进行经验总结后才能做到准备妥当的。其实细究起来，这样的演说也不是严格意义上的即兴演讲，因此在平时已经为其做过准备了。

3.组织语言

现在，我们在拿到题材之后，也已经进行了心理准备了，接下来我们就要组织语言，以便更适合时间和场合。既然是即兴讲话，那么，演说时间一定不会太长，你要做的就是考虑场合问题，你不必一直向公众道歉，说自己没有准备好，这本身就是一场即兴演讲。你要在最短的时间内入题，然后迅速思考，你如果到现在还做不到这一点，那么，接下来的几点忠告你一定要认真阅读了。

不过，即兴讲话最忌讳的就是信口开河，所以，我们千万不要东拉西扯，将一些完全不相干的事物硬拉到一起，这样做是不行的。你必须要有一个中心，所有的理念、论据归纳起来都是围绕这个中心在进行，这就是你要说明的中心思想。你所举出的事例也是要和这一思想相吻合的。还有，假如在整个演说中，你都能抱着真诚的态度进行的话，你会发现，你的演讲是充满激情的，效果也是显著的，是其他一些已经做足准备的演说所不能比拟的。

4.要注重与听众进行眼神交流

看着听众说话的好处在于：能使听众看到你的目光，看到你内心的真情实感。一个优秀的讲话者，无论是脱稿演讲还是不脱稿演讲，都不忘和听众的眼神交流。而实际上，一些演讲者在说话的时候，或为了显示自己的领导地位，或因紧张所致，他们或仰视天棚，或俯视地板，或左顾右盼，东张西望，躲避听众的目光，显得很不庄重，也很不礼貌。

5.善借手势

手势是我们在脱稿讲话时的个人情感的自然流露，不过我们需要注意的是，无论是手势的部位、幅度、方向还是力度都应与讲话的有声语言、面部表情和身体姿态密切配合、协调一致，不可生搬硬套，勉强凑手势。

另外，在运用手势的过程中，切忌一成不变只做一种手势，避免单调呆板。

牢牢记住这些忠告，即便你被推举出来进行即兴演讲，你也可以得心应手、无往而不胜了。

第 10 章

态势语言，无声胜有声的演讲更能让听众印象深刻

现实生活中，我们很多人都需要当众讲话，也就是演讲，大部分人也都希望能呈现TED大会那样的演说效果，而实际上，良好演讲效果的获得，不仅需要我们做到掌握一些演讲技巧，更需要我们从非语言的角度进行练习，比如修炼打动人心的肢体语言、平易和善的微笑等。总之，一个有实力的演说者不但能"讲"，更会"演"，他们总是能在举手投足间就感染听众！

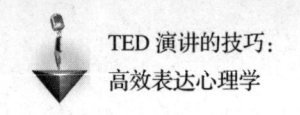

得体穿着,彰显自信

我们都知道,一个人最先在无声中打动别人的办法是靠自己的形象。好的形象可以给人留下使人心情愉快的印象,见了第一面,期盼第二面,或者不反感见第二面。而较差的或者不适当的形象则会给别人留下再也不想见的印象。同样,演讲中,我们要想打动听众的心,就要注重自己的形象。而最为重要的是,听众的认可更能帮助我们减轻心理压力。

可以说,得体的穿戴会让你在演讲中自信满满。得体、有品位的服装能给别人良好的第一印象。因为人们对他人的印象很大一部分是视觉上的,这就是"三分钟印象"。如果演讲者不太在意打扮,蓬头垢面,肮脏邋遢,就会让听众产生视觉上的不适感,也就会对他的演讲嗤之以鼻,但如果装束又过于华丽,过于时髦,花哨俗气,过度"美化"自己,也叫人不能接受。那么,什么是得体的演讲穿着呢?

每年的TED大会,前来参加的都是各界的精英,为这些佼佼者们演说,需要高度的自信和强大的气场,因此,演讲者自然会十分注重自己的穿戴。

当然,我们说的得体的穿戴,并非千篇一律的西装皮鞋,个性的演说者也可以根据自己的喜好进行选择。

第10章
态势语言，无声胜有声的演讲更能让听众印象深刻

现在，我们来想象一下，与一般西装革履的演讲者不同的是，一个浑身刺青、满身大汗的壮汉，戴着一顶牛仔帽，穿着一条皮裤，来到了演讲台上，尽显王者风范，而这个人就是前职业摔跤手麦克·金尼，他认为"你比自己想象得更强大"——你只要找到自身的特点然后发扬光大。多年来，金尼发掘自身特质并创造出一个完美的摔跤人物：牛仔"鳄鱼"麦格劳。

在TED大会上，他侃侃而谈，犹如和听众进行了一场有趣睿智的谈话，他将擂台的智慧运用到日常生活中，向我们分享如何更自信地生活以及如何发挥潜能。

演讲场合，很多时候，演说者的心态如何与听众的反应有很大关系，神采奕奕的一身装束，不仅能吸引听众眼球，还能帮助我们减轻心理压力。

小王与妻子出国后，很快与周围的外国朋友打成一片，因为他们善良、乐于助人。但他们第一次参加朋友们的派对，就出了一次丑。

那天是圣诞节，他和妻子因为一件小事刚吵过架，心情很不好，这时，电话响起来了。朋友邀请他们参加一个圣诞派对，他与妻子没多想，穿着T恤衫、牛仔裤就出发了，结果在踏进朋友家时看见大家都穿着得体优雅的小礼服，真的有一种找个地方躲起来的冲动。当朋友把这对中国夫妻介绍给自己的朋友时，他们表现出来的这副没精打采的态度，更是让这些朋

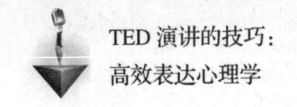

友很沮丧。

事后,小王还专门打电话给这位朋友,为自己当天在派对上的失态而道歉。后来,他们专门找到一位形象设计师讨教一番,因为在他们的生活圈子中,少不了要经常参加这样的场合。

随后,他们与家人一同前往新加坡,参加侄女的婚礼,回来后,他对这位形象设计师说:"婚礼上,我们受到了礼遇,我觉得在很大程度上,是因为我们穿对了衣服,让对方很好地感受到我们真诚、懂礼、有素养的一面,让国外的亲戚、朋友们留下了深刻的印象。"

这则案例中,小王夫妻给外国朋友的印象有如此巨大的反差,就在于他们赴宴时的不同装扮。第一次,他们因为夫妻吵架、心情不好,就穿了一身随意的衣服,因此,他们失态了。而第二次,在经过形象设计师的一番指导后,他们掌握了如何穿着才显得神采奕奕,正如小王说的:"婚礼上,我们受到了礼遇,我觉得在很大程度上,是因为我们穿对了衣服,让对方很好地感受到我们真诚、懂礼、有素养的一面,让国外的亲戚、朋友们留下了深刻的印象。"

可能很多人认为穿着打扮是一个令人费神的问题,不知怎样穿才能穿出品位、穿出神采。其实,要想穿出一身富有精气神的行头,也并非难事,对此,我们不妨从以下几个方面努力:

1.并不需要大费周折

在演讲前,如果你有时间,最好细心打扮一下,但如果没时间再去从头到脚换一套盛装,你就要懂得在日常生活中注意自己的着装,以免手忙脚乱。譬如,西装外套只要是上等的高级质料,则只要更换下半身即可,最好能穿上与之搭配的裙子。

2.注意配饰的作用

有时候,一件小小的饰品都能让我们的服装起到画龙点睛的效果。当然,演讲时的饰品,还是不要过多,以免让听众眼花缭乱。

3.让色彩帮助自己变得熠熠生辉

关于色彩,人们有一些错误观念,比如:

(1)皮肤白的人穿什么都好看

其实每个人都有自己穿起来好看的颜色,也都有不适合的颜色,与皮肤的黑白没什么关系。

(2)穿黑色显瘦

绝对并非如此,要看你是属于哪一种色彩类型的人。

(3)艳色是俗气的

色彩本身没有好坏之分,但有选择与搭配的好与坏,不和谐的色彩无论艳或不艳都不美。

(4)只有相近似的颜色搭配在一起才好看

相近或相似仅仅是一种配色方法,其实还有许多配色原则。

(5)黑白是百搭色

黑白是很极端的颜色,想要在衣服上任意搭配出漂亮的效果不容易,不要什么都用黑白去凑合。

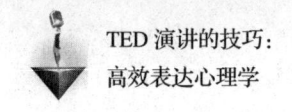

(6)对比色的搭配是土气的,如红色与绿色的搭配

对比不等于不和谐,如红与绿搭配得好坏要看它们属于什么调子的红与绿,还要考虑面积对比等因素。

树立以上这些理念并以此为穿衣搭配原则,演讲时,我们就让自己神采奕奕地出场了。

演讲是一门综合艺术,既要求演讲者有美的声音和语言,还要有美的仪表,因此,演讲者在演讲前一定要认真琢磨如何把自己打扮得更好些。

庄重场合演说,"卖弄你的笑脸"会缺乏气势

可能我们都有这样的生活体验:在嘈杂的市场里,卖货的人一口一个"帅哥"或者"美女",为何他们称谓礼貌,却无法让人感到他们的称赞是真实的呢?因为他们满脸带笑、嬉皮笑脸,有失沉稳。同样,演说中,也不要总是"卖弄你的笑脸",尤其是在那些庄重的场合。这样做,要么让人生嫉妒或生厌,要么让人觉得你夸夸其谈,要么让人觉得你酸腐,要么让人觉得你不成熟稳健,而且,如此所述,这样又会让人看清你的思想。

事实上,真正善于演说的人即使不露声色,也能让人感受到来自他的强大气场。比如,风靡全球的TED大会演说者,

第10章
态势语言，无声胜有声的演讲更能让听众印象深刻

都善于营造自己的气势与风采，无论是推介产品，还是传播思想，他们都能将演说进行得气势如虹，在演说中，即便是幽默和逗乐，他们也不会"恋战"，更不会讨好听众，而是会适时转移到演说主题中来。

同样，现实中的我们在演讲中，固然要对听众展示理念，但不要总是"卖弄你的笑脸"，尤其是那些庄重场合，更要善于运用严肃表情营造心理优势。我们先来看下面的案例：

《三国演义》"徐州战"中有这么一段：

刘备领着陆羽、关羽、张飞、赵云、太史慈等人日夜兼程赶到徐州与孔融、田楷会和。却发现曹操已经攻破小沛，此时已经围困了徐州城。

张飞冲入曹军阵中，曹军顿时间人仰马翻，丈八蛇矛敢于将挡在它面前的任何东西都搅得一团粉碎，那霸道的气势连一向以勇猛著称的青州兵也不由退避三尺。如果说，关羽的刀法是一种王道，让人无法生出对抗之心，那张飞的蛇矛就是一种霸道，让人忍不住瑟瑟发抖。

百万军中取上将首级，如探囊取物耳。

尽管周围都是自己的士兵，曹操仍忍不住泛起一丝寒意，两丈外，脸如黑炭般的张飞提着丈八蛇矛直指曹操，曹操想要退入后阵之中，却发现张飞的气场早已锁定了他，只要他一动，那凌厉的气劲就会将他割得粉碎。一时间，天地里仿佛只剩下了他们两个人，没有人能帮得了他，那高耸的帅旗此时也

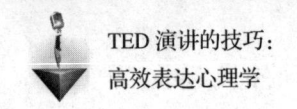

仿佛如支持不住般轰然倒下，丈八蛇矛猛然向曹操刺来，曹操几乎绝望地闭上了眼睛。

这时曹军的将领也都退了回来，最惨的要属于禁，背上被管亥劈了一刀，要不是仗着马快，恐怕已经被劈成两段了。

曹操与刘备的首次交锋就这样落下帷幕，曹操在占据着绝对优势兵力的情况下大败而回，伤亡近五千人，而这只是这两个绝代雄主的第一次碰撞。

刘备与曹操首次交锋大获全胜，其中少不了张飞的功劳，他和曹军交锋的时候，和曹操正面对决，凭着一股不怕死的精神，在气场上就以绝对优势压倒了对方，胜利自然唾手可得。而张飞的气势是从何而来？从心理学的角度看，一个是固化在人脸上的表情显示的个人性格特点，张飞一脸严肃，着实令人望而生畏。

人的面部表情极为丰富，这和人的内心世界极为丰富有着直接的联系。人的面部表情是在长期的社会生活中逐渐形成的，人类最初的表情，表现的就是人内心的真情实感。

当然，演讲中那些总是不苟言笑的人，也是无法获得听众好感的。说话有气场并不是说要使人畏惧，而是要达到言语深入人心的效果。可见，你必须掌握好"笑"与"不笑"的度，因此，你不妨做到：

1.面部表情不可过于丰富

也就是说，如果你希望自己是个有威慑力的人，那么，演讲时，就不可对人挤眉弄眼、大笑或者大哭等，同时，这也是一种失礼的表现，适度微笑即可。因此，微笑是非常重要的沟通工具。当然，微笑也要掌握分寸，假如变成大笑或狂笑，就无法展示出魅力，反而是一种失礼的表现了。

微笑就是一个人内心感情的体现。当你微笑着与别人说话时，也会使对方感觉放松，从而进一步增进融洽的气氛。

2.眼神不可游离不定

严肃的表情会让说出的话更有气场，但假如你神态木讷、面无表情，即使嘴在动，并说出了语言，也会让人有拒人于千里之外的感觉。因此，记住，除了微笑之外，你最好还应注意你的眼神，眼神不可犀利、凶狠，但一定要炯炯有神，不可游离不定。

人们的思想可以表现出不计其数的复杂而又十分微妙的表情，并且表情的变化十分迅速、敏捷和细致，可以真实、准确地反映情感与传递信息。有经验的人通过观察人的表情和表情变化，就可以探知对方的内心世界。因此，演讲中，我们更应懂得通过自己的表情来传达我们的内心世界。

善用肢体语言，拉近我们与听众的距离

生活中，我们通常会以为交际的技巧在口头语言上，而

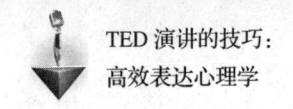

实际上，这只是人们的主观感受，事实并不是如此。人们使用最频繁的是非语言的交谈方式，这就是人们常说的"肢体语言"，它通常是在说话之前就已经表达出了我们的感觉和态度，反映了我们对他人的接受度。脱稿演讲中也是如此，我们一定要注意肢体动作的利用。善用肢体语言，能拉近我们与听众的距离。

体态语，顾名思义，就是借用身体表达出来的语言，也被称为身体语言、肢体语言、无声语言。体态语包括动和静两种。动态语包括手、脚、头的等所做出的姿势，站姿、坐姿、服饰等就属于静态语了。体态语在演讲中的使用范围极广，使用频率也极高。在脱稿讲话中，我们一登台亮相，还未开口便已经用体态语，给听众留下第一印象。鉴于此，你若能在脱稿讲话中恰当灵活地运用体态语言，就可以辅助口语以更好地表情达意。

心理学研究表明：人感觉印象的77%来自眼睛，14%来自耳朵，视觉印象在头脑中保持时间超过其他器官。英国有一句古老的格言说："你说话内容的有无并不重要，重要的是你的表达方式。"有的心理学家认为：无声语言所显示的意义要比有声语言丰富得多，也深刻得多。由此可见，体态语言有多么重要。像演讲这样短而集中的情感表达，怎么可能少得了体态、姿势、表情等体态语言的参与呢？

TED演讲大师们总结出三点运用肢体语言的方法：第一，

双手自然下垂；第二，手势一定要有，但不能过度；第三，表情配合内容，眼神与观众交流。没有固定的肢体语言，只要你能找到一种感觉舒适自信的舞台模式就可以。

因此，如果你想让你的演说更精彩，就不要忽视肢体语言的力量，在演讲的时候不应该单是报告一些事实，还该把自己的肢体语言注入到你的演讲中，只有这样，你才会真正打动听众。

事实上，所谓"演讲"，顾名思义，不仅要"讲"，还要"演"。我们也都明白一点，在台上讲话与在台下讲话不是一回事，站着讲与坐着讲，感觉又不一样。站在台上，你的一举一动都会对听众产生重要影响。可能一些人会认为，只要尽力控制住自己，在台上不哭不笑，不走不动就不会出现什么问题了。其实不然，这样你就成了一具会说话的木偶，这样的演讲，只能让听众觉得可笑。

在演讲中，具体来说，我们可以尝试使用这些肢体动作：

1.偶尔张开你的双臂

这是一个热情的动作。可以想象，当你遇到某人的时候，如果他交叉双臂站着或坐着，说明他很冷漠，一点也不高兴。因此，当你交叉双臂站着或坐着时，你给他人的感觉是：你不愿意交谈，你有防备心，你将自己封闭起来。手捂着嘴（或手捂着嘴笑）或支着下巴的动作表明你正在思考。反过来，你也可以想象一下，如果是你，可能也不会打扰一个正在深思的人吧。另外，如果你双臂交叉，那么，你自身也会显得局促不

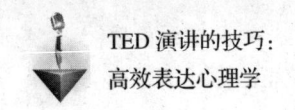

安,从而让他人也不愿意靠近你,因为在与你交谈的时候,他们也会感到不自在。

所以,脱稿讲话中,如果你想向听众表达出你的热情,就张开你的双臂,即便看起来有点夸张,也比交叉抱着双臂要好得多。

2.带着笑脸演讲

美国前总统里根的演讲便发挥了微笑的作用。演讲开始之前,里根总是先微笑示人,让人倍感亲切,给大家留下一个极好的印象,演讲过程中也处处让人感觉到自己的平易和善,而非高高在上。这样的总统作风自然受人欢迎。拉近与他人距离,最有效的方法莫过于以微笑示人。

3.讲话时身体微向前倾

当你站在演讲台上讲话的时候,身体微微前倾,这表明你热衷于你所演讲的话题,也是对听众的尊重。

除了以上三点外,我们在演讲台上该怎样站、怎么看,甚至细化到一个眼神、一个动作都是重要的问题。懂得恰当地运用体态语,熟悉一些表演艺术,是使演讲者能在台上轻松自然地演讲的必要前提。

总而言之,体态语是脱稿讲话表达的重要方式之一。它不仅能有效地帮助你传情达意,使你站在台上不至于太呆板,还能塑造你的形象,给听众留下深刻印象。

第10章
态势语言，无声胜有声的演讲更能让听众印象深刻

以手势配合，来强调你的观点

关于演说，相信生活中有不少人曾经绞尽脑汁地思索如何在演讲发言中抓住听众的心，如何使自己的演讲更加绘声绘色、声情并茂。也许你所演说的内容很精彩，也许你的表达也完美无瑕，但是你可能忽视了一条能抓住听众注意力的方法——手势！

的确，人们在说话时，都会情不自禁地做出一些手势，而在公共场合演讲，人们更是少不了手势，这样，我们的讲话才显得更为自然和轻松。所谓演讲中的手势，顾名思义，指的就是演讲者在讲话时手部动作的姿势。演讲的过程，其实就是说者与听众进行思想和观点交流的过程，与一般的交流活动不同，演讲不仅要"讲"，还要"演"，"演"就是一种演示，大多数时候，我们不需要演示的道具，只需要依靠自己手势，就能巧妙抓住听众的心。

而且，手部动作的幅度也是最大的。在人类的进化过程中，双手对劳动起着不可代替的作用，它甚至推动了人类的进程。事实上，我们不难明白的是，在人类所有的肢体语言中，产生肢体语言最多的应为手。

心理学家说手势是人类交流的重要组成部分。事实上，行为模式研究人员凡妮莎·凡·爱德华兹发现，那些在TED演讲风靡一时的演讲者平均使用了465个手势，而那些演讲不那么受

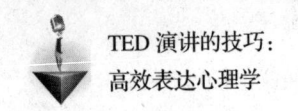

欢迎的演讲者平均使用了272个手势。

早期马列主义宣传家叶·米·雅罗斯拉夫斯基曾说:"演讲者的手势自然是用来补充说明演讲者的观点、情感与感受的。"演说中,自然而安稳的手势,可以帮助演讲者平静地说明问题,减少紧张感,也能通过富有变化的手势来增强语言的表现力。

那么,在演讲中,我们可以运用哪些手势呢?

我们总结出四类:

1.指示手势

虽然这类手势所表现的都是真实的形象,但是将其具体划分后会发现,还能将其分为实指和虚指两大类。

实指指的是演说者手指所指向的方向,而且是听众眼神所能及的,一般演说者会说"这里"或"那边",要么是"这边"或"上面",要么是"这些"或"这一个"等。

虚指指的是演说所无法看到的,即指演讲者和听众不能看到的。比如"在很久很久以前""在遥远的地方"。常用虚指可伴有"他的""那时""后面"等词。相对来说,指示手势更多传达事实,不带过多的感情色彩。

2.模拟手势

演讲者可借用手势来表述一些形状,为的是让听众展开想象,进而对你描述的事物有更形象的认识。比如,说话时,你想表达一个梨子的形状,此时,你可以用双手合抱,以此来引导听众去想象。

3.抒情手势

这种手势表达的感情很浓厚,也是运用得最多的。比如,伤心时掩面哭泣,急躁时搓手,兴奋时拍手称快等。

4.习惯手势

我们每个人在行为上都有自己的一些习惯,也就有了惯性手势,而且,每种手势的含义也不明确、不固定,随着演讲内容的不同而体现不同的含义。

另外,有以下四种手势也是我们在演讲中要避免的:

双臂下垂,但是双手交叠位于体前,这是胆怯的表现。

双臂下垂,但双手背在身后,这是一种有所隐藏的表现。

双手插进衣服口袋里,这是消极或者不感兴趣的表现。

双手叉腰,这是一种挑衅的表现。

双臂交叉,这是一种消极的,具有挑战性的姿势。

演讲中,如果听众出现以下动作,表示他们对你所说之话抱有消极的态度:

第一,当你兴致勃勃地表达自己的观点时,对方却不时地抓耳朵,表明他对你的话已经不耐烦了,他希望你打住话题,也可能他希望你能给他一个表达的机会。

第二,如果与你交谈的是一个群体,当你说话时候,他们大多出现了交叉双臂或用手遮嘴的动作,则表示他们根本不相信你的话。

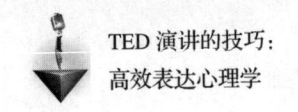

第三，说话时用手搔脖子表示人们对所面对的事情有所怀疑或不肯定。

另外，从演说者的角度看，为了获得听众的信任，产生积极的谈话效应，我们可以尽量做出以下动作：

第一，说话时，尽量手心朝上，因为这一动作所传达的信息是：我是坦诚的、不说谎的。

第二，摊开手掌以赢得他人的信任，但如果这是你的习惯性动作，那么，就不灵了。

第三，握手时掌心向上，并垂直与对方握手，能表明你性格温顺，为人谦虚恭顺，愿以彼此平等的地位相交。

演讲的手势可以说是"词汇"丰富，千变万化，没有一个固定的模式，作为一个出色的演讲者平时要认真观察生活，刻苦训练，积极付诸实践。

当然，演讲中，运用任何手势都贵在自然，切忌做作；贵在协调，切忌脱节；贵在精简，切忌泛滥；贵在变化，切忌死板；贵在通盘考虑，切忌前紧后松或前松后紧。

在演讲中，我们运用恰当的手势辅助讲话，不仅可以引起听众注意，还可以把思想、意念和情感表达得更充分、更生动、更形象，从而给听众留下更深刻、更鲜明的印象和记忆。

第10章
态势语言，无声胜有声的演讲更能让听众印象深刻

站立着说话，营造心理优势

如果你进行过演说或者参加过别人的演说，你会发现，听众的热情完全取决于演说者的精神状态，一些人笔挺地站在演讲台上，慷慨激昂地陈述着自己的观点，听众也被他们的情绪所感染；也有一些人即便端坐在最显眼的位置，但听众还是对他们所说的话提不起兴趣，甚至昏昏欲睡。造成这一迥然不同的现象的原因当然是多方面的，但我们不得不否认的一点是，站立着演讲，能让听众感受到你的积极情绪，也更能打动听者。因此从心理学的角度看，演讲时，演讲者只有站立着、挺直腰板才能产生心理优势，更易让自己产生强大的气场。

那么，什么是心理优势呢？心理优势是一种内在自我的空间延伸，直接决定了一个人对周围人的影响力。尤其近距离接触的存在着人与人交际的一切场合。你是一团火，旁边的人便感到热；你是一块冰，旁边的人便感到冷；你是一缕春风，旁边的人则感到舒适怡然。故我们要在人群中活得自由快乐，便首先要使自己具备一定的心理优势。

可以说，演说者营造心理优势与气场是向听众做自我推销的重要方法，法国著名职业选择研究家巴乐肯所著的《形体、性格与职业选择》一书中曾有这样一段话："不论是一位医生、律师、舞蹈教师，还是银行职员，你的一生成败大部分依赖于你是否具备推销自己潜能的能力。有些人天生懂得怎样

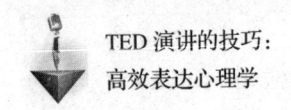

有效地推销自己，并给人们一种良好的印象，这完全是因为他们使用了一点额外的智力，我们姑且称之为'推销潜能意识'。"的确，现代社会，优秀的人太多了，你不毛遂自荐，"让一切秀出来"，谁来发掘你的才华呢？金子并不是在什么地方都能发光，无数伟大的成功，都建立在懂得找准自己位置的基础上。

曾在TED大会上进行演说的美国前国务卿鲍威尔是一个气场强大的人，无论是讲话还是走路甚至是外表都给人一种领导者的态势，并且，他会训练他的士兵们也有这种气场。

他在演讲时，会问他们问题，或者请一名学生走到前面，让他像士兵那样立正站好，双臂笔直地贴在身侧，抬头挺胸，直视前方，大声讲话。

学生们乐在其中的同时，内心也会受到启发，感觉自己变得更加自信，准备好迎接挑战。如果你这样训练自己，演讲时一定也会有不同的感觉。

TED演说大师们曾分享过，在演讲中，发表有力的演讲最简单的方法就是站直，重心平均分配在双脚上，双脚自然地分开几英寸的距离，用双手和胳膊的自然摆动强调你要说的话。可以来回走动，但要避免由于紧张两腿交替晃动，或者以摇摆的姿势不停地前后挪动。

下面有两个实例：

一天，某公司俩领导为下属开会。

第10章
态势语言，无声胜有声的演讲更能让听众印象深刻

第一个领导是科室主任，此人是在公司十几年的老人了，到了会议时，他先带一把椅子，然后坐在台上，期间需要演示APP，他也不站起来，他的这种开会方式让很多下属昏昏欲睡，对此，该领导也很愤怒。会后，他将其中一位下属叫到了办公室，说："我看你实在太疲累了，眼下马上是销售攻坚阶段，这个月月底我们必须要拿下1000单，这样吧，你先回家休假几天吧，等休息好了再来。"言下之意是如果这名下属再不打起精神就要被炒鱿鱼。

第二个领导是新来的部门销售主管，走进会议室，他先将面前的椅子搬走，然后开始讲自己的销售计划，他看见面前的桌子上有垃圾，就顺便扔进了垃圾桶，然后对下面的下属说："今天的保洁阿姨估计也在卖产品，我就替她代劳了啊。"说完，大家都笑了，那些犯困的下属也醒了。随后，这名主管发现一些下属的热情不高涨，于是，他便在会议室边走动边开会，现场的气氛便活跃起来了。

这两个例子颇堪玩味。经过对比，我们发现，开会时，领导的姿态直接关系到员工的热情，站立、走动着的领导，更能带动员工热情，其实，不只是领导开会，任何一个需要在公共场合说话的人，如果能站立着说话，那么，就能有效地解决听众昏昏欲睡的现象。

的确，挺直腰板说话，能创造心理优势，但并不是所有的人都做到"站如松"、体现出自己的精气神，甚至有些人一站

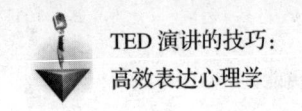

到众人面前，便畏畏缩缩，不知从何说起，这对你的演讲效果是极为不利的。为此，你还必须做到：

1.表现出自信

美国最著名的心理学家威廉·詹姆斯说过这样一段话："行动看似是在感觉之后，但事实上它们是同时发生的，行动受控于意志，通过制约行动，我们也可以间接制约感觉，但事实上，感觉是不被意志控制的，因此，假如我们已经失去了原有的自然的欢乐，那么，使自己欢乐的最佳方法，就是表现出快乐，快乐地坐着、站着或者说话，好像你本来就很快乐一样，如果这样都不能让你快乐起来的话，那么，真的是没有办法了。"

"所以，让自己表现得勇敢，看起来本来就是勇士，然后运用这一意志达到目标，那么，勇气就会逐渐取代恐惧感。"

2.融于自己的题材中

在你的题材选好之后，你要依照计划加以整理，并请你的朋友来帮你查看一下你的准备是否是充分的。你还必须要告诉自己，"我选择的题材是有意义的"，这是伟人们的态度——坚信自己。怎样才能让自己获得这样的信念呢？你需要详细地研究你的题材，然后告诉自己你的演讲是具有重要作用的，将会帮助到你的听众，使他们变得更美好。

3.避免去想那些可能让你产生不安的事情

很简单的道理，假如演说还没开始，你就老想着自己可能会犯语法错误，或者在演说中途会有听众站起来刁难你，再或者你的演说突然中断、找不到演说词的话，那么，也许你还未开口，你就无法开口了，因为你已经没有了信心。在开始之前，你最重要的是把注意力从自己身上转移开，你可以先听听其他的演说者说什么，把注意力放到他们身上，这样，你在登台之前就没有那么紧张不安了。

4.给自己打气

只要你演说的题材不是可以用生命捍卫的远大目标，那么，在开口之前，你都有可能会怀疑自己的题材，会担心自己适不适合这个题目，会担心能不能引起听众的兴趣，甚至有可能将题目改了。

其实，此时，你的自信是被消极思想毁了，你该为自己打气，用浅显的话鼓励自己，告诉自己演讲题目是适合自己的，因为这都是你的经验之谈，是你对生命最真诚的看法，你最有资格谈论这一话题。所以，全力以赴吧。

总之，演讲中，挺直腰板说话能为我们创造心理优势，让听众看见我们的良好素质和修养，从而愿意接纳你的观点。

第11章

避开表达禁忌，别给听众留下不好的印象

语言大师林语堂有"语言的艺术"一说，意思就是，语言不是一般的工具，使用起来不同于其他工具。俗话说："锦于心而秀于口。"我们说话并非单纯的口舌之技，而是一种高度复杂的脑力劳动过程。在演讲中，我们要想把话说到听众心里去，要想获得如TED演讲的绝妙效果，就要历练自己的表达技巧，其中就包括要避开一些表达禁忌，那么，这些表达禁忌有哪些呢？接下来，我们在本章中进行解析。

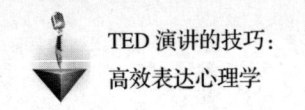

演讲不是争论，不要总是试图赢了听众

在每天的生活中，我们几乎都会遇到和自己意见不合的人，然后我们会就此讨论，我们常常需要在办公室、社交场合、家中赢得人心，进而让他们接受我们的思想。那么，你是否与对方争论了呢？

拿破仑的管家曾写过一本书——《拿破仑私生活的回忆》，这位管家常与约瑟芬打台球，他在这本书的第一卷第71页中说："虽然我认为自己的台球技艺不错，但是还是努力让她赢我，因为这样会让她十分开心。这虽然是一个很小的故事，却告诉我们一个非常实用的道理，我们在与我们的丈夫、妻子、情人或者顾客交往时，也要想方设法让他们胜过我们。"

释迦牟尼曾说："恨不止恨，爱不止恨。"而误会却是永远不能以争辩来结束，而需要用手段、外交、和解来看对方观点，以此使对方产生同情的欲望。

同样，演讲中，我们也不要总是试图赢听众，要知道，我们最终的目的是让听众接受我们，即便我们争论赢了，也未必会让听众心服口服。

曾有人对TED演讲之所以成功在语言表达上进行了总结，发现任何一场引爆全场的TED演讲都具备四要素：语气热情谦

第11章
避开表达禁忌，别给听众留下不好的印象

逊；最好不要使用口头禅；发挥停顿的力量；改变语速、音量和音调，打造有变化的声音。

在这四要素中，语言谦逊是首位，要知道，人都有被尊重的心理需求，表达谦逊、尊重听众是任何一场演说成功的前提。诺曼·文生·皮尔博士在论及专业喜剧家时这样说："人类的个性需要爱，也需要尊敬，在人的内心，都有一种内在的价值感，他们渴望被尊重和重视，一旦伤害这种感情，你就永远失去了那个人。因此，当你爱一个人时，就要尊敬他，你也就能成就他，而且，他也会同样地爱你、尊敬你。"被尊重是人的基本需求，同样，我们面对媒体，也要心怀尊敬，切莫出言不逊。另外，媒体最大的职能就是报道事实，如果你对媒体不敬，也会被报道出来，很明显，这不但不利于问题的解决，还会损害我们在公众面前的形象。

诺曼·文生·皮尔博士曾经谈到自己的一次经历：

"一次我和一位艺人一起上一个节目，当时我们并不熟悉，只是知道他，在那次会面之后，我从其他的杂志上了解到他有困难，我想大概没有人比我更知道其中的原因。

"我很安静地坐在他旁边，就快该我讲话了。'你好像不紧张嘛！'他问我。

"'啊，不是的，当然会有一点紧张，当我站在听众面前的时候，自然会有点紧张，因为我尊敬他们，正是这样的责任感让我产生了紧张感，那么，难道你不紧张吗？'

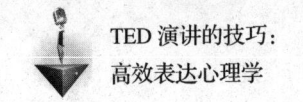

"'怎么会？为什么要紧张？那些观众就像上了瘾的鸦片鬼，他们一定会照单全收的。'他当时这样回答我。

"'怎么能这么说，对于我们来说，他们是至高无上的评委，我们要对他们怀着敬畏之心。'我说。"

在得到了此人近况不好的消息时，皮尔博士就了解到，原因大概就是因为他将自己置于与观众敌对的位置，而不是用谦虚之心赢得人心。

可见，公众面前，我们一定要调整好自己的心态，注意自己的说话态度，力求做到自信却不自傲，这样说话才有底气，讲话才有分寸、有分量，媒体和公众才能信服，才能推动实际工作，解决遇到的难题。

我们必须认识到一点，骄傲是人类人性中一个最基本且容易被引燃的天性，所以，聪明的演讲者是不会和人们的骄傲去对抗的，而是让它为自己所用。那么具体来说该怎么做呢？

最简单的方法，展示给我们的听众看，这能让他感觉到，我们所给出的意见事实上是与他曾经信奉的事是相同或者相似的，只有这样，对方接受起来才更容易，而不是拒我们于千里之外，才能避免在对方的脑海中产生相反的理念，从而对抗我们的演讲。

然而，在我们的生活中，很多人都缺少这种能力，他们不懂或者没有意识到该一起与对方进入他们原来已建立成的信仰的城堡里。一些人错误地以为，要先攻占城堡，就要对其进行炮轰，将其夷为平地，但是最终的结果呢？在炮轰之前，对方已经产生了敌意，做好了防御工作，甚至先下手为强，那么，最终只是一场头破血流的恶斗。在双方争斗之后，却发现谁也没有捞到任何好处，他们也没有改变对方的想法。

事实上，在目的是说服他人的演讲中，我们的核心问题是：如果我们只是一味地想把自己的观点灌输到听众的耳朵里和心里，那么，很容易滋生相反或者对立的观念。长于此道的人，说起话来魅力无穷，总是能在有形或者无形中影响着别人。

卸下恐惧的包袱，掌握自我放松技巧

我们任何人都明白，一个人要想在公共场合做好演讲，就要自信满满，而恐惧是良好表达的天敌，一个人在"不敢说"的前提下是"说不好"的，唯有卸下恐惧的包袱，在语言中注入自信的力量，你才能成为一个敢于表达的人。

曾经在美国有一个调查，人类的14种恐惧中，排在第一位的恐惧是什么？是当众说话！在一群人面前说话真的有这么恐怖吗？可能你也有这样的经历，学生时代，你活泼开朗，和同学们打成一片，但只要老师让你上讲台朗诵课文，你就面红耳赤，甚至结结巴巴。爱默生曾经也说："恐惧比其他任何事物都更能击败人类。"即便那些演讲大师，也会紧张，只是在逐渐的努力中，他们克服了恐惧。

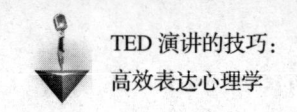

TED演讲大师给出建议：对于那些初次登台的演讲者或内心紧张的演讲者，要想放松自己，在开始演讲前，最重要就是要把注意力从自己身上移开，为此，你可以在演讲前做一些放松身心的活动。

陈小姐是一名培训讲师，她的工作就是经常在全国各大企业对人才进行培训，自然免不了要经常在众人面前说话。对于自己的工作虽然已经十分熟悉，对于那些演说词，可以说，陈小姐甚至已经能背下来了，但是每次演讲前，她还是莫名地紧张。这几年，陈小姐逐渐摸索出了能帮助自己减轻紧张感的方法：平时没事的时候，她会在网上搜集一些小笑话，然后存在自己的手机里，到演讲前，她就拿出来看，那些小笑话能让陈小姐开怀大笑，她心里所有的不安也就烟消云散了。

和故事中的陈小姐相同，即便那些演讲大师，在演讲前也会紧张，只是他们都有属于自己的调节方法，陈小姐使用的就是幽默放松法，的确，演讲中，要想有效地表达自己的意思，首先要学会自我放松，放松了才能自如。那怎样才能放松呢？这里，经验丰富者为我们分享了几个有用的方法：

当然，要做到自我暗示，保持积极的情绪体验，还需要我们在日常生活中就积累自信心。如果你是个自信心不足的人，你可以掌握以下几个自我练习的方法：

1.昂首挺胸，快步行走

许多心理学家认为，人们行走的姿势、步伐与其心理状态有一定关系。懒散的姿势、缓慢的步伐是情绪低落的表现，是对自己、对工作以及对别人不愉快感受的反映。步伐轻快敏捷，身姿昂首挺胸，会给人带来明朗的心境，会使自卑逃遁，自信滋生。

2.养成大声说话的习惯

在开会发言时，要注意提高您的音量，养成大声说话的习惯。科学的对比实验的解释是，大声说话能解除压抑，提高自信，调动全部潜能，包括那些受到压抑的潜能，同时也能使您的胆量在大声说话中得到扩张，那么您的发言也就挥洒自如了。

3.学会微笑

我们都知道笑能给人自信，它是医治信心不足的良药。如果你真诚地向一个人展颜微笑，他就会对你产生好感，这种好感足以使你充满自信。正如一首诗所说："微笑是疲倦者的休息，沮丧者的白天，悲伤者的阳光，大自然的最佳营养。"

4.公共场合挑前面的位子坐

你是否注意到，无论在教学或教室的各种聚会中，后排的座位是怎么先被坐满的吗？大部分占据后排座的人，都希望自己不会"太显眼"。而他们怕受人注目的原因就是缺乏信心。

坐在前面能建立信心。把它当作一个规则试试看，从现在开始就尽量往前坐。当然，坐前面会比较显眼，但要记住，有关成功的一切都是显眼的。

5.找到放松自己的小窍门

有的人当众讲话，觉得十分痛苦；自我介绍时，会十分紧张。他不敢去接触别人；如果别人稍稍接近他，他就立即躲避

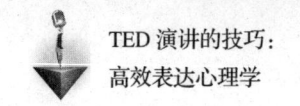

起来。像这种人，如何才能克服他的扭捏呢？可以用假按摩、真放松的方法：大家先围成一圈，然后每个人闭起眼睛，把双手放在前面一人的肩上，慢慢地替他按摩，由肩移至腋下，然后再一次由肩按摩起，直到你想象自己的腋下被人搔得想笑，这样因为想笑而放松了自己，你自然就不会再害羞了。

6.以自己的方式追求自我

每个人都应该活出自我，你不应该人云亦云，不应该盲目跟风，更不应该唯唯诺诺，尊重自己内心的想法，做自己喜欢的事，你会慢慢变得自信起来。

当然，当你成为一个自信的人后，在演讲时，如果你还有紧张感，你可以这样进行语言暗示："我一定可以做得很好""我一定可以超常发挥"等肯定自己的短句。

一个自信的人常看到事情的光明面，必能尊重自己的价值，同时也尊重他人的价值。要做到演讲时减少紧张感，需要在平时的生活里就培养自信心，比如在平时休息之余多和自己交谈，不断地强化一种必胜的信心与信念。时间长了，就会发现这种良好的积极的心态就会成为自己的一种思维习惯。

凝练语言，演讲切忌重复啰唆

在生活中，你仔细观察就会发现，有的人说话言简意赅，

第11章
避开表达禁忌，别给听众留下不好的印象

句句说到点子上，能击中问题的要害，很快营造了强大的气场，控制了别人的思想。而有的人尽管表达了很多，但是让人听着云里雾里，不断地打擦边球，根本没有涉及核心问题，被人轻视和不重视。事实上，不是他们的态度上有差异，而是因为他们表达的能力不一样。会表达的人往往能做到语言凝练、字字珠玑、绝不啰唆重复。

事实上，演讲也是如此，任何人发表演讲的目的，就是要吸引、说服、鼓动、感召听众，也只有能引起听众共鸣的演讲，才是成功的演讲，这一点，也是我们最关注的问题。

对于这一点，每个曾在TED大会上参加演讲的人都深有感触，因为TED演讲的时限是18分钟，记住，有约束的演讲才更具创造力，如何能在18分钟之内将自己的思想分享给在座的听众，考验演讲者的演讲水平。为此，他们在演讲前都会做大量的资料收集和准备工作，并凝练自己的语言，不说一句多余的话。

任何一个好的演讲者，都很注重自己演说语言的修炼，尽量在演说中做到语言凝练，字字珠玑，以传达给听众最实用的信息。而相反，如果为了能让听众接收到更多的演说信息而不顾听众的感受，一味地表达自己的观点，那么，结果只能是事与愿违，让听众产生不耐烦的情绪。

然而，在现实的演说中，就是有一些人喜欢长篇大论，在他们看来，自己说得越多，越是能打动听众。但实际上不然，说得越多，出错的可能性就越大，事实上，那些真正的演说大

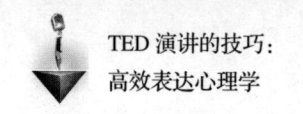

师演讲时都不会打持久战，而是采取简短有力的演讲方式。

从另一个方面说，现代社会，人们的时间观念都很强，没有人愿意花费太多的时间来听你的长篇大论。所以，我们在说话的时候，切忌绕圈子，而是把话说到点子上。有话则说，长话短说，无话不说，这样才更准确传达你的思想。

那么，我们该如何凝练演讲语言呢？

1.了解你要表达的中心、重心、要点

任何问题都有中心和重点，找到了这个中心和重点之后，说话的时候才能有的放矢，才能做到什么话该说，什么话不该说。所以，迅速找准谈论的中心是言简意赅的前提和基础。否则，眉毛胡子一把抓，只能惹人厌烦。

2.懂得表达，语言表达清晰、稳重、不啰唆

说话，语言表达的轻重缓急也是很有讲究的，该让对方听清的地方就要缓一些，不重要的信息就可以一句带过。如果张口结舌或连珠炮似的大讲一通，对方就会感到一种急迫感，从而心生不信任。

要想使说话不啰唆，其实只需捡重点说就行，其他次要的内容，要么不提，要么一言以蔽之，只有这样才能保证你的发言在最短的时间之内收到最好的效果，否则，即使你滔滔不绝地谈论半天，听者都还是不知你发言的目的。

3.尽量避免口头禅

现实生活中，几乎不可避免的，每个人都会有自己常用

的口头禅。也许大家没有意识到，这些自己根本没注意到的习惯，在日常交际中并不会对我们造成多少危害，但需要参加演说的人，如果把这些语言习惯带到演讲中，则会传达给听众一些负面信息，比如：

（1）"听说、据说、听人说"。这一口头语会让听众觉得你的演说真实度不够，试想，谁会真正相信那些道听途说的语言呢？

（2）"说真的、老实说、的确、不骗你"。演讲中，如果有此类口头语，会让听众觉得你说话急躁。

（3）"啊、呀、这个、嗯"。人们常在词汇少，或是思维慢时利用这些词作为间歇的方法，而领导者在演说中，如果常伴有此类口头语，会给人一种反应较迟钝的印象。

（4）"可能是吧、或许是吧、大概是吧"。这些口头语体现的是对自己言谈的极为不确定，也会给听众留下不可信任的印象。

可见，"口头禅"是演说中的大忌。所以，我们应将凝练自己的演讲语言作为培养和锻炼自身的语言组织和表达能力的重要方面，应尽可能地用最清晰、简明的语言传达给听众相关信息。

4.偶尔停顿、适时沉默

任何沟通都是双向的。赢得人心需要一个好口才，但决不可卖弄口才。有些人总希望用出色的口才让听众方产生信任

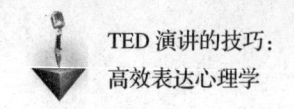

感，却忽略了一点，那就是，人们通常会以为那些巧舌如簧、太能说的人是不值得信任的。因而，即使在演讲中，你也需要偶尔停顿。

总之，你若希望自己在演讲中的语言有震慑力，就要在日常生活中锻炼自己说话能力，毕竟，世上无难事，只怕有心人。平日里多注意，多锻炼。你说话定可以达到言简意赅、字字珠玑的效果，一出口就能击中要害的程度。因此，加强持久的练习是有效的手段。

演讲时，你只有做到轻重缓急适宜，吐字清晰有力才能使语意分明，声音色彩丰富，语气生动活泼，语言信息中心突出，从而引起听者的注意，引导听者的思路，才能易于被人理解和接受。

总之，在演讲中，我们陈述观点传递信息的时候，要让所说的话有力度，能够让人听得进去，才是好的说话方式。我们讲话一定要做到一针见血、言简意赅，这样才能让听众明白你到底说的是什么。

做足准备，演讲不能瞎编和乱说一气

生活中，人们常说："没有调查就没有发言权。"的确，在公共场合演讲更是如此，我们对听众说的每一句话，都应该

第11章
避开表达禁忌，别给听众留下不好的印象

经得起推敲，都应该是权威的。当然，我们也知道，说话是一门艺术，但这并不等于演讲可以信口开河，事实上，演讲的目的就是让听众信服，而如果你希望自己说出的话是言之有物的，我们就要在开口前做好准备工作，不能瞎编和乱说一气。

要想完美地施展自己的口才，做一次成功的演讲，事先必须有所准备。演讲前，对于听众的需求分析、演讲主题、内容、结构等，我们要如此，做思考和管理才能"有备无患"，才能在演讲的时候口吐莲花、娓娓道来。

戴尔·卡耐基在总结成功的演讲经验时说过："一切成功的演讲，都是来自充分的准备。"的确，演讲也是如此，没有准备，就是准备失败，时刻注意收集素材，时刻在生活中练习，时刻准备发言。只有这样，才能确保演讲取得更好的效果。

为此，TED演讲者建议，在明确你要说的主题后，在主题的指导下，你要做一些有针对性的调查工作，这样不仅能帮助你找到所要用的演讲材料，最重要的是，你还能了解讲话的场景、听众、背景等方面的信息，这有助于选择适宜的讲话方式，提高讲话效果。

我们先来看下面一个领导者是怎样说话的：

刘洋是一名海归，现在在一家网络公司担任财务总监，在他上任半年后，公司上司让他代表中层管理者做一次演讲。

该怎样确定演讲主题呢？想来想去，他还是决定谈自己的老本行。于是，他决定对公司的账目进行一次大审查，经过调

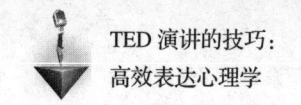

查，刘洋发现，这一年来，居然根本没有盈利。到底是哪里出了问题？

他找来财务人员才知道，原来一直以来，他忽视了一个问题，网络公司在网站维护上的成本投入太多。而造成这一问题又在于公司这一方面人员的多余，很多工作，同一个员工就可以解决，但却安置了太多的闲余人员。

在找到这些原因后，刘洋在公司的演讲大会上，还提出了一些更细致的解决方案，比如，公司员工的奖金制度应该加以调整并细化；员工的考勤制度也应该明确化……

公司的高层领导对刘洋的演讲表现很满意，并采取了他的方案，在经过一系列的调整后，第二年的第一个月，这家公司就呈现出一片大好的发展趋势。

在这个案例中，财务总监刘洋为这次演讲进行了全方位的调查，找到了公司的财务问题，并在演讲中提出了具体的措施，自然会赢得领导的认同。

的确，我们需要明白，你的听众都有自己的想法，都是理智的，如果你希望听众能接受你的想法和观点，最好让你的演讲更有说服力，其他说话的材料最好也要经得起推敲。

具体来说，你需要做到：

1.收集材料

一个观点，你要想说得清楚、透彻，一件事情，要想说得可信，你都必须对有关事实进行调查研究，掌握充分的事实材料。这些事实材料，不但使得你的讲话内容有保证，还能增强你在说话时候的底气，而如果你不准备材料，或者缺少材料，那么，说话时你只能勉强说，甚至根本不知从何说起，这样，你自己说得痛苦，听众也听得无趣。

2.充分调查

不同的听众，他们的文化背景、品位、修养都是不同的，感兴趣的话题也会不同，因此，在你说话前，最好先收集一些关于听众的资料，以确定自己的演讲主题、说话风格以及所需要的材料。

总的来说，演讲必须是能让听众信服的，能起到点明主题的作用。另外，还需要领导者就说话主题列举出一些有说服力的证据，通过论证的方式，将各种方案的优劣、长短逐一比较分析，而这，都需要你做好资料收集和调查工作。

3.注重日常知识积累

从很大的程度上来讲，口才是满腹经纶、博古通今等词的另一种称谓。拥有了丰富的知识，在和别人的谈话中就不会因为无知而自卑，谈吐间就会很自然地引经据典，旁征博引，所表达的内容也会十分得高雅。假如胸无点墨，在陌生人面前也好，老朋友面前也罢，只有闷头静听的份，那么就会让自己的分量显得很轻，也就无法得到别人的关注。因此，在日常的生活中，要多注意阅读，注重知识的积累，看一些历史、哲学、文学、政治、美学之类的书，提高一下个人的修养，让自己达到"腹有诗书气自华"的境界。当你有了充足的知识储备之

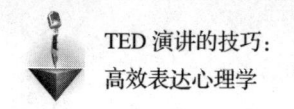

后，就会有充分的底气站在别人面前进行较高层次的谈论了。

4.多做预讲

杰出的历史学家艾兰·尼文斯对作家也有类似的忠告："找一个对你的题材有兴趣的朋友，详尽地把你的想法讲给他听。这种方式，可以帮你发现你可能遗漏的见解、事先无法预料的争论以及找到最适合讲述这个故事的形式。"

曾任微软全球副总裁的李开复先生，在刚开始演讲时，他要求自己每月坚持两次演讲，并且，每次都要请一个朋友去旁听，之后给他提出意见。他对自己承诺，不事先排练三次，决不上台演讲。

从以上的故事中，我们可以看出预演对演讲的重要性，可以说，预讲是演讲最重要的准备工作之一。现在，如果你已经完成了演讲稿，就可以进行预讲了。

预讲是一个确保你的演说更成功的方法，你可以将你的想法、见解都告诉你的朋友，你可以告诉他你是在预讲，也可以不说，你可以听听他的想法，也许他有更新奇的主意，那样你的演说就更有价值了。

演讲要注重内容，切忌形式主义

生活中，我们常听说"形式主义"这个词，所谓"形式主义"，指的是不注重内容而注重形式。事实上，一些人在演讲的过程中，也总是走形式主义，他们会事先准备好一份演讲稿，然后背诵下来，在演讲时，也不顾听众的感受，自顾自地背诵完稿子，便认为自己做了一次精彩的演讲，实际上，这类形式主义、走过场的演讲，有什么意义呢？

事实上，包括TED演说大师们在内，任何一个成功的演讲者都会注重自己语言魅力的锤炼。因为整个演讲只有18分钟，时间宝贵，演讲者如果侃侃而谈，说空话套话，那么，听众就会对你的讲话失去兴趣，而你想传达的意见就没有能够成功地传达出去。

那么，在具体的演讲中，我们该如何避免形式主义呢？

具体来说，你可以这样做：

1.端正演讲动机

不要把目标定得过高，对于不切实际的期望要有客观的分析。如果把演讲的意义片面夸大，甚至把演讲与个人终生的成就、事业和幸福等紧紧联系在一起，那么，也只能落入形式主义了。

2.做足准备工作

美国前总统林肯曾说过："我相信，我若是无话可说时，就是经验再多、年龄再老，也不能免于难为情。"这句话说得十分深刻。

任何一场演讲，要想获得满堂彩，就必须做足准备工作。要知道，心中没有路子，脚下难迈步子，如果你心中无"货"，思想乏味，那么语言也同样乏味。

3.讲话内容要真实具体

在《风格的要素》一书中，威廉·斯特伦克这样阐述：

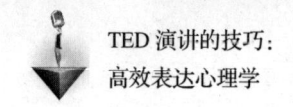

"那些研究写作艺术的人，假如在他们的观点中，有相似或一致的地方，那么，这个地方就是：他们认为如果说能抓住读者的兴趣，那么，最为可靠的方法就是要具体、明确和详细。像荷马、但丁、莎士比亚等这样一些最伟大的作家，他们最为高明的地方，就是他们处理特殊情境的能力，他们能在叙述或者写作时唤起读者脑海的景象。"

写作如此，演讲亦是如此。曾经，卡耐基和他的训练班的学员们做了一个实验：讲事实。他们在实验中定了一个规则：在每句话中都必须要有一个事实、一个数字、一个专有名词，还有一个日期，当然，因为这一规则，在演讲能力的提升上，他们获得了革命性的成功。

4.演讲内容要灵活，避免机械背诵演讲稿

演讲内容要灵活，避免机械背诵演讲稿。的确，逐字逐句地背诵讲稿，很容易在面对听众时遗忘，即使没忘，讲起来也会显得十分机械化。美国总统林肯曾说过："我不喜欢听刀削式的、枯燥无味的讲演。"背演讲稿对演讲者可能是一种必要的准备方式，但是，背诵依赖的是机械记忆，逐字逐句的记忆不仅耗费演讲者大量的时间，而且容易形成演讲者的心理麻痹。实际的演讲过程中，一旦出现怯场、听众骚动、设备故障等突然事故就容易出现"短路"现象。因而，在准备演讲时我们只要准备好大概的提纲，根据自己的语言、思路发挥更能打动观众。

5.注重语言魅力的展现

我们不应该只重视讲话的形式，而更应该注重自己的语言

第 11 章
避开表达禁忌，别给听众留下不好的印象

魅力。讲话本身就是一门艺术，让自己的语言有特色，你可以适当地幽默、调侃，这样会使你的讲话变得十分有趣，令人感动，并且让听众能够牢牢记住你的讲话，感到你的魅力，受到你的鼓舞。

6.讲话自然大方，不可忸怩作态

卡耐基称在他一生的教学生涯中，曾有一段时间是很依赖教科书中的信条的，他那时只是照搬老教授们传授的一些坏习惯，实际上，他们并没有从一些浮夸的演说风格中跳出来。

卡耐基常提及自己曾上的第一堂演讲课。

教师让他将两臂轻垂于身体两侧，手指微曲，手掌朝后，大拇指轻轻靠着大腿。然后他又让卡耐基把手臂举起，再画出优美的弧线，好让手腕优雅地转动，接着再将食指张开，然后是中指，最后是小指。当这整套合乎美学的、装饰性的动作完成之后，手臂得要回溯方才的弧线，再度放于双腿的两侧。

后来，再经过自己的摸索之后，卡耐基发现，这一套动作只是表演性的而已，一点也没有意义，显得做作、毫无诚意。

他后来才明白，演讲要将自己的个性融合进去，要和平常与人谈话一样轻松、自然、生气勃勃。

总之，生活中的人们，如果你也正致力于提高自己的演讲能力，那么，你也要学会剔除那些机械式的演讲训练方式，要做到内容充实、杜绝形式主义。

参考文献

[1]穆臣刚.心理学与演讲气场领导力[M].北京：中国法制出版社，2015.

[2]加洛.像TED一样演讲[M].宋瑞琴，刘迎，译.北京：中信出版社，2015.

[3]刘金来.TED演讲的技巧[M].北京：中国纺织出版社，2018.

[4]易书波.脱稿讲话训练速成[M].北京：北京大学出版社，2014.